大展好書　好書大展

品嘗好書　冠群可期

大展好書　好書大展

品嘗好書　冠群可期

武術特輯
77

陰陽相濟的
太極拳

林冠澄　著

大展出版社有限公司

林冠澄太極勁法（部分影片）

	(林冠澄)2003.04.05 英國武術隊來訪 02 https://www.youtube.com/watch?v=n5r8JJU1tUM
	林冠澄老師於2005年06月25日於台灣長榮大學之武藝示範觀摩中講學 https://www.youtube.com/watch?v=oSLKRDHO924
	林冠澄老師 2008年第二屆世界盃太極拳錦標賽(近).flv https://www.youtube.com/watch?v=w0IytSgC2Jc
	林冠澄老師 詳解陰陽相濟太極勁法 一書DVD理論架構片段.flv https://www.youtube.com/watch?v=E7eXdlpswlY
	林冠澄老師示範陰陽相濟太極拳（勁）——身體側身貼牆發勁.flv https://www.youtube.com/watch?v=uI7Zrxj_6Ks

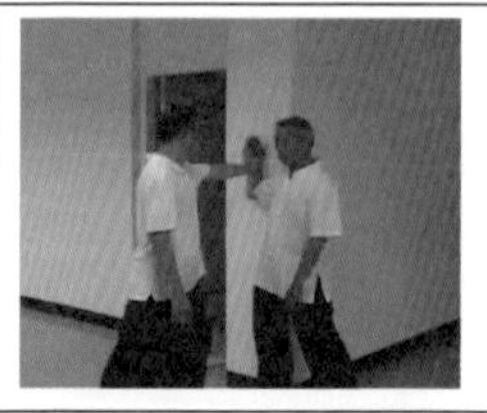	林冠澄老師示範陰陽相濟太極拳（勁）——手臂貼牆發勁.flv https://www.youtube.com/watch?v=SGmy3CNwdWA
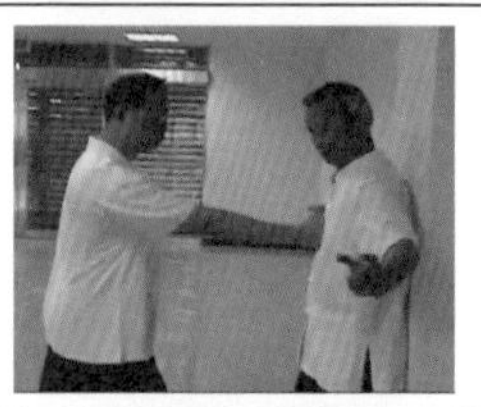	林冠澄老師示範陰陽相濟太極拳（勁）——身體前後貼牆發勁.flv https://www.youtube.com/watch?v=6X8b-DO_UhI
	林冠澄師生拳架運行中發勁指導01.flv https://www.youtube.com/watch?v=DlAT4ED1aHw
	雙魚太極拳學苑林冠澄埔里宇涵太極拳協會太極勁定勢發勁表演 https://www.youtube.com/watch?v=NWJKvUUSYJ4
	2011宇涵會員大會——太極之美研習會.flv https://www.youtube.com/watch?v=EeQGSwxmy60
	2016.01.10雙魚太極拳學苑林冠澄老師於輔大表演極勁 https://www.youtube.com/watch?v=ie3MvraxUjk

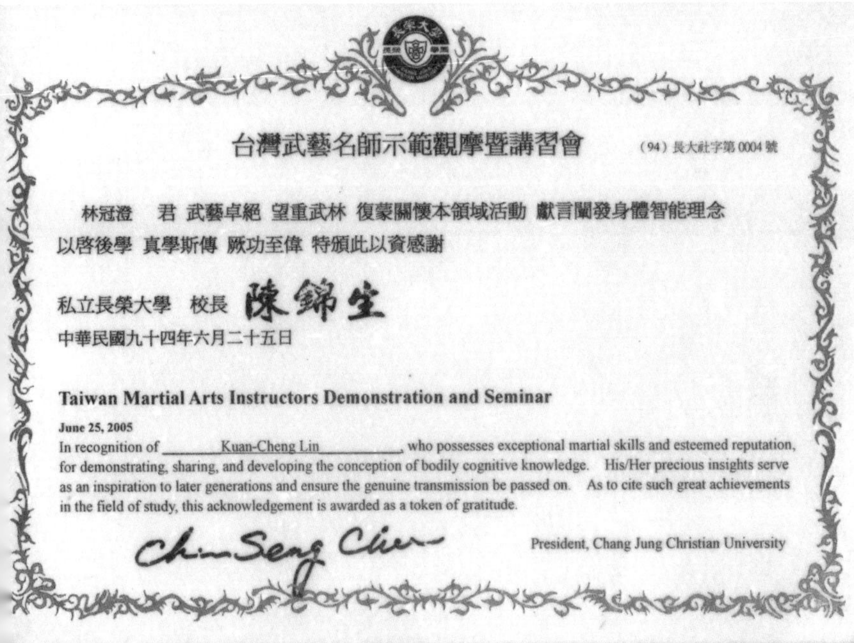

台灣武藝名師示範觀摩暨講習會　（94）長大社字第 0004 號

林冠澄　君 武藝卓絕 望重武林 復蒙關懷本領域活動 獻言闡發身體智能理念 以啓後學 真學斯傳 厥功至偉 特頒此以資感謝

私立長榮大學　校長 陳錦生

中華民國九十四年六月二十五日

Taiwan Martial Arts Instructors Demonstration and Seminar

June 25, 2005

In recognition of Kuan-Cheng Lin, who possesses exceptional martial skills and esteemed reputation, for demonstrating, sharing, and developing the conception of bodily cognitive knowledge. His/Her precious insights serve as an inspiration to later generations and ensure the genuine transmission be passed on. As to cite such great achievements in the field of study, this acknowledgement is awarded as a token of gratitude.

Chin-Seng Chen

President, Chang Jung Christian University

財團法人 國際武術聯盟總會

International Martial Arts Federation

THIS IS TO CERTIFY THAT

NAME: KUAN-CHEN LIN

NATIONALITY: TAIWAN ROC **SEX:** M

DATE OF BIRTH: AUG.15.1945 **AGE:** 62

HAVING BEEN EXAMINED UNDER THE SUPERVISION OF I.K.F.F. AND AWARDED THIS CERTIFICATE. HIS GRADES ARE AS FOLLOWS:

With arms of: FOR KUNG FU & MARTIAL ARTS *Art of Self-defence*

Remark: He will be Qualified to Attend Annual Examination of Advanced Grade.

DEGREE: CHINA KUNG FU, TAICHI 8 DEGREE

DR. CHE CHENG CHIANG Grand master
PRESIDENT & CHAIRMAN
10 DEGREE IN KUNG FU / KARATE

DR. SHIN HSIUNG CHEN
CHIEF QUALIFIED EXAM COMMITTEE
8 DEGREE IN KUNG FU

DATE: JUNE 15.2008

國際段位認定証明書

國武聯 08 字第 15 號

姓名：林冠澄　一九四五年八月十五日生

國籍：中華民國　性別：男

段級：八段　修練拳種器械：太極

右開事項業經本會依章審試合格特給證書為憑

會長 江志成

審查委員會 陳信雄

二〇〇八年六月十五日

目錄

序一

中國武術，博大精深。其舉世無匹的崇高價值，足可供聯合國教科文組織，選列之為「人類口述與非物質世界遺產」而無疑。言其博大，可於二百多個門派與支系的驚人數量，一覷見之。

言其精深，則可分見之於二端：一是外現的武打技術，二是內蓄的氣勁開發。

武打技術以攻防二事為大端，而中國武術攻防修鍊的終極目標，一者是從攻必能防，防必能攻→經攻中有防，防中有攻→到攻即是防，防即是攻的攻防一如，氣體一致之境地。

另一則是四肢軀幹，全身一拳，無所不用其極。並無「攻擊器」——侷限於手足，與「防衛區」——多半是身首，自我設限的二分概念之存在。

全世界各民族無不有其武術：與獸鬥、與人爭；求生存、求發展。而武術必須能投射其勁力，否則便無法殺敵致果。

勁力如何求得？不但中外有別，而且判為二途。

外國武術追求力量，認為血肉之軀可化而為物理力學，方程式分之為二：其一是產生力量之主體，求其強壯。另一是產生力量的工作，求其闊大。

為了遵奉「質量加速度」的定理，為了符合「距離大則力大」的公式，外國武士力行有成，則必體現之於二處：一可瞻仰於其魁偉之身材體格，一可參觀於其張揚開放之動作。

不能盡如人意的憾事是，人類的身形不如犀象，武士之舉止難比虎豹奈何？

中國武術則不同；中國武術講究的是己身內在氣勁之開發與運使。第一步，先求知己；末一步：通達天地。中間散之於四肢百骸，千手千眼，無不是一氣所生，自然能百戰百勝。

近百年來，火器大興。武術屢敗於鎗炮，地位因之而輕卑。無論攻守之術，養氣之方，兩皆不講。徒遺空疏的套路，輕豔的做表，視息自持於今時……

又加上西風壓倒東風，時代的風潮洶湧。輒令人熟習西方的學識、技能；對於自家文化，反覺陌生。

流風所及，武術未能獨免。其表現在格鬥技術上者，是以外國的攻防，論釋祖傳之套路。扞格難入，勉強支吾。而亡失了優秀的本技後，與外國武術比試，亦未見長。

至於發勁的功法，更無能力講求。一倚西式的重量訓練為法式，二靠初級的物理力學作依憑。棄精華而取糟粕，矧至於根本不知自家武術中，尚有勁道修為這回事。

上述攻防與發勁，本係武術最最基本必須合二而成一之元素，是只能兼備，缺一而為不可的。

古昔武家──非「臨陣」兵勇──之所講求者，必合命中之方──攻防，與致命之法──發勁，為終身已之之追求，為同道切磋之題庫。

所謂「遊場」──「遊」於藝的「場」合──較技，乃含二者，以相攻錯。

今日武風低下，已見前述；前於茲二事，更還應有所辨別的是：武打的技術雖然異化，淺化，尚有其物，尚知實驗。可歎氣勁的開發，卻多落入二項歧途。

一則以勁道為唯一的真理，詆毀其他傳統本有之訓練與價值。以為只此一勁，天下橫行，誇飾威力，神道設教。不但不與同道之攻防作實較，而且避免一己之訓練內容相合參。其中高明，雖不可測。不過，似已違離傳統武術之真實。

另一則是故神其說，秘不示人。非其人則不輕傳，本是優良的傳統。從前為了治安，現在為了傳承。然而，如果是謀求宏道護教以外的原因與目的，以武術為敲門磚的話，似不免又落入了：「武術、武術事業、武術從業人員」三者，孰先孰後？孰輕孰重，顛倒混亂的窩臼。不能破繭騰飛，敢問英雄何論？

同道林君冠澄先生，服務教界，樂育英才。課餘，雅好武術，涉歷廣泛。柔道、擒拿、合氣道等，無不擅場，實技實施。

其後精修太極拳，二十餘載。宗楊式，而採百家。不尚虛玄，破除偏見，博納百川，而斷之以理。先在當今現世紛紛擾擾之太極環境中，求得一方清淨心田，不受污染，以利修行。

而其苦參拳經拳論，直探先賢心法之著手途徑，正符合古人讀經，先讀白文——經句本身，不及注疏——的不二法門。

於是由解悟而實踐，由實踐而糾偏，由糾偏而得證——歷年來之辛苦困頓，豁然通澈。可以以今日之身手，解昔賢之經論，如水入水，與古暗合，斯固由其聰明穎悟之資質，實亦賴於胼手胝足之苦辛。

林冠澄老師為將一己辛苦參研之寶貴心得，和盤托出。乃發大願心，自教育界提前退休，俾使靜心寫作，完成首部作品。使凡我太極拳同好諸君子，乃至於武林各門各派，有志深求之俊才，均得分享而同參之。

有緣拜讀了冠澄道兄的力著《陰陽相濟的太極拳》，佩服他隻眼獨具，心得別出詮釋、見解、與論辯。更感動於他繪圖立說，不厭求詳的努力。不但是「鴛鴦繡出從君看」而且還「『肯』把金針度與人」其不求一己勝人的胸襟，提升武術全體的志節，相信，不僅來自於學習武術的正確觀念，一定還是他從事教育工作，誨人不倦，為國育才的一貫修養吧！

2002年夏　徐紀拜序　止戈武塾

序 二

林冠澄先生，年青有為，服務教育界三十多年，為人和藹，教學認真；對於學生課業及協助推行校務，貢獻良多，獲得長官及各位同仁所讚許。嗣為專心推展太極拳藝，未屆年齡即已提前退休，竭力發揚國粹，其志向恒心毅力，令人欽佩不已。

林君早年學過跆拳道、柔道、合氣道、腿術、擒拿、防身術等，造詣精深；後轉學習太極拳，歷經二十餘年，朝夕勤練，潛心研幾；對於太極拳學理體用，瞭解甚深；由於長久不斷練習，功夫日見精進，成就非凡；尤其各種彈性發勁，能運用自如，隨接隨發，勁整貫穿焦點，對方無不應手而跌仆，達到所謂發勁如放箭之境界。

太極拳為內家拳，習此拳者，不獨健身，祛病延年，且足以防衛禦敵，催剛制動，誠為諸拳術中之上乘者。茲以林君為發揚斯道，將其多年精研所得之經驗，彙編為《陰陽相濟的太極拳》一書，條理分明，一目瞭然，其內容深含哲理與科學之應用，實為不可多得之優良著作；付梓行世，以供學者研究、深具教育意義與參考價值；特此引述，樂以為序。

前台灣省政府參議　藍守正

民國九十一年三月一日

於汐止市雅典王朝大廈

序三

I met Mr. Lin in Taipei in 1999 where he invited me to his home for acasual chat of Taijiquan, during the exchange I was amazed by his deep understanding of the Taiji theory as well as the execution of the techniques, Mr. Lin's analysis of the ying/ yang diagram went be yond the traditional view of the two ele-ments which was often treated as two separate responses ; He went through the form and pushing-hands to demonstrate the meaning of Insubstantial and substantial---neutralieg and dis-charging that were completed in one action ; he explained that when performing the form, all movements were intiated from the feet through relaxed body and expressed through the hands ; in pushing-hands, with the same concept of the body to be one piece connected between the feet and the incoming force, that any given force to the body is directed to the ground and bounced back to the opponent at the same time, he emphasized the ying and yang elements to be existed in the same entity with no distance and no delayed timing.

I went back to the United States with much of puzzles

until the next year when Mr. Lin and his student traveled to our area, I went visit him at his hotel room for further discussion, there he explained the path of the mind in the body went connected with a push–hand partner ; he demonstrated his theory with me and patiently guided me to his idea of ying/ yang coherence. We had a wonderful time trying with different situations, drawing littil diagrams to show the mind paths and discussing how to adapt the Taiji Classics into our practice.

In the past 2 years as we were parted from two sides of the globe Mr. Lin and I have exchanged many thoughts through the phone and fax, he was always very patiently and passionately to share with me his discoveries and experiences, he is a renovated scholar, warm–hearted teacher and a very skillful Taiji martial arist. I can't wait to read his book, a book about his long–time research, practice and execution of traditional Taijiquan, I'm sure his dedication to the art will inspir and benefit the coming generations.

David Chen
David Chen art studio in Maryland, USA
www. DavidChenArt.com
May / 2002

自序

武術是我人生中多種嗜好之一，在接觸太極拳之前舉凡跆拳道、柔道、合氣道、腿術、擒拿、防身術等均有涉獵，直到二十多年前開始接觸太極拳以來，對於太極拳的有關心得日益增加，從而為它著迷、為它沉醉，樂在其中。先前所學的外家武術則已漸行漸遠。

在學習過程中除了參考拳經、拳論、太極拳書籍及老師所述的之外，並擷取眼見事物，人間萬象作為參考資料，邊做、邊思考、邊驗證；思考老祖先為何用「太極」兩字？動作如何展現太極內涵？

由反面做起，做捨己、克己的工夫，試著涵養無為的心境，捨掉「得」的念頭。思考陰陽兩字的內涵，兩字的關連性，以理論推敲陰陽相濟之道理，以萬象檢驗陰陽相濟之事實。

投入太極拳領域後，發現到太極陰陽是相對的兩條直線方向，是S形的運動軌跡，是互動的螺旋形路線。甚至是相對方向，S形的運動，螺旋形路線三者同時組合於一個動作之中，變化神奇；拳架由無練到有，再由有練到無，而化為近於無招、無式、無形、無相的動作表現層次。

與人間萬象的比對後，看到拳經、拳論中所敘述的合理及似是而非的不合理部分，也看到拳經、拳論中所蘊藏的學習過程及武功層次的文句。

在太極拳學習、消化、突破的歲月中，已有一些心得發表在《太極拳》雜誌的111期、115期、120期、127期、130期外，還有很多尚未發表的文章。這些已發表及尚未發表的文章，都已融入本書之中，這些文章總括而論是偏向認知及理論探討的層面。然而如何透過理論的探討，將理論化為實作，成為可以學習，可以展現的作為，就是本書的重點部分。

本書所闡述的論點、看法、學習途徑、表現方式，與時下流傳的太極拳有著很多不同的部分，這是我個人的研究心得，或許是我的管見，但也許能幫助更多太極拳愛好者開拓思維空間。就好比我們看電視節目時，切換不同的頻道，可看到不同的節目一樣。讓靈台遊走於不同空間，既可腦力激盪，亦可獲得許許多多意想不到的學問，使視野開拓，智慧提升，而游刃於武功、技藝或宇宙萬象之間。

為求說明的詳細，理論與實作能夠相結合的事實，特別在書中加入了動作流程圖，人體勁路圖，各種發勁圖等共計七十餘圖，俾便讀者認識、觀察與學習。

必須強調的，本書是我個人的研究心得或管見，不過願以此心得來與愛好太極拳的讀者共同分享，共同研討。共同追求更真、更善、更美的境界，為太極拳的發揚光大而努力。

前　言

太極拳常被人們看做是一種健身的運動，是以柔克剛的武功，為人處事上行事時很會推來推去者。然而在武功的展現上以柔克剛者，行事時很會推來推去者，這樣的認知就以為認識了太極拳嗎？在我個人的研究心得中，這些想法都有如入了寶山卻找不到真寶的遺憾。

太極拳或其他拳術，凡掛有一個「拳」字者，絕對是一種可健身、強身、防身的「武術」。太極拳也掛有一個拳字，所以太極拳是一種可以戰鬥的武術。太極拳既是武術，其功能應是武功為主，健康為輔。

太極拳宜以武功的探討為出發點認識它、學習它。想當年楊露禪成為楊無敵後獲聘為京畿清軍旗營武術教練，他的兒子楊班侯習慣出手見紅，以及其他歷代高手在武功上的卓越表現，可見太極拳的重點在武功，並非立足於健康的基礎上。

太極拳在透過腳底旋動的運動過程中，達到腳底按摩促進健康的效果，以及顯現於無數健康上功能的專論報導，在健康上的價值眾口皆碑。不過，世上能達到健康效果的運動、器材、食補食療、生活方式等途徑何其多，健康未必要依賴太極拳來實現。太極拳的學習除了健康的好處外，更高的價值就在於「拳」字上面，若能提升到武術的層面，既可健身又可防身，豈不更有內涵、更有滋味？

第一章

理論探討

理論依賴實證，實證支持理論，兩者相輔相成才能相得益彰。理論的探討是我們不可或缺的入手工夫，如同電視台DISCOVERY節目所標示「探索奧秘，發現真實」的精神，我們可以秉持同樣的精神將其轉移到太極拳上，從眾多門派的太極拳中搜尋線索，從而認識真正的太極拳或者是更完美的太極拳！

在太極拳的領域中部分人們提到很多的說法及理論，然而這些說法及理論到底是對？是錯？或者還有待斟酌？

我覺得我們可從太極圖、人間萬象、拳經、拳論中找訊息以整理思維，再從實作中驗證思維的合理性，使成為更有深度的武功表現方式。

1－1　太極陰陽

太極拳顧名思義與太極、陰陽有關，若與太極、陰陽無關者就不能納入太極拳範疇討論。「太極」為字頭，也是源頭，有如水之源頭，源頭若不清，下游怎能喝到潔淨的水？離開太極二字，怎能入太極之門？太極陰陽是二而為一的哲理，要從太極圖中找竅門，由陰陽二字化為實務，去驗證、去體認。每一舉手投足間蘊含了這兩個字義？如何使陰陽並行而不悖？

從太極圖上觀察，太極圖中陰魚有一隻白眼睛，陽魚有一隻黑眼睛。象徵陰中有陽，陽中有陰，陰陽互為其根，陰陽互孕。陰魚膨大的部位，陽魚則縮小，陽魚膨大的部位，陰魚則縮小。陰陽粘連互補，你消我長，你長我消，陰陽消長。

接著太極圖中陰陽魚之間有一個旋渦狀的S曲線，它象徵一種動態，標示著事物的陰陽變化是在螺旋式動態中變化發展的。因此很多人都認為太極圖闡釋的是與圓形有關的事物，而太極拳的動作應該是圓形的，走的是圓形路線，這些都可說是受到外在形象所誘導的思維。

對於太極陰陽的了解，筆者除了部分人們對太極圖較為熟悉的外在形象表徵外，還有一些內在抽象表徵的理解。太極圖看是一個圓，但用圓來解說太極陰陽，卻不見得已觸及太極圖的核心，或者還未論及太極陰陽的全貌。

以「陰陽相濟」四個字而論，從字面看，看不出有幾何圖形的含意，祇有陰和陽要相濟的表示而已，就像男女結合可以綿延下一代，正極負極相結合可以發電發光發熱，而男女、正負極與圓形結構無關，因此對於太極陰陽之內涵，我們可以走出圓形的框框，從陰陽兩個字上面加以推敲。

太極圖上陰陽存在於一個圓圈的空間內，同一點上進行著陰陽相生、陰陽互動的運作，在陰陽同出、陰陽同在，同一時間又同一空間之「同時同空」狀態。此外陰陽二者係位置對立，但卻統合在一個圓圈之內，具有「矛盾對立而統一」的特質，是二而一，不是一而二的圖示。既是同時又同空，又能矛盾對立而統一狀態下之動作、招式或能量輸送，也是陰陽相濟。因此「同時不同空」之陰陽相濟，並非絕對的、惟一的陰陽相濟。

就陰陽兩個字來看，兩者物理屬性相反，而為反向的含意，且具有矛盾對立而統一的特質。所以我們可以將陰陽看作上下相對的兩個方向，左右相對的兩個方向，以⇄、⇵、←→、→←的路線同時運作，甚至於將陰陽看作是兩個互動的齒輪，祇要一邊動另一邊必然跟著動之狀態以↻↺或↺↻的方式運作，都合於太極陰陽之特質。

由於陰陽具有相互流轉的關係，將以上理論化為實務驗證之後可發現，在一接點上的某一邊做陰時，相對應地同一點的另一邊會有陽的反應，也就是有陰就有陽，陰陽同時、同空地存在。如此一來，運用於太極拳上不僅大幅縮短了運作空間，更使速度加快、勁道加大。

由人間萬象萬物上看，汽車、機車的發動是透過鎖匙的旋動，將陰陽兩極接通而產生動力。飛彈、火箭、飛機的飛行，皆為尾部的火焰及渦輪引擎產生的噴氣連續進行，否則會失速而墜毀。重型火砲要先架設撐在地上的砲架，當發射時才能承受強大的後座力。以及重型工程車要吊起笨重機具物料前，先拉下支撐的腳架，使車身穩定。日光燈管的兩頭接上燈座的兩極，才能發光。壓下開關才能啟動電腦、電視等家電製品。當地球的一邊為白天時，另一邊則為黑夜，從地球上看是有著日夜交替，陰消陽長或陽消陰長的現象，但從地球之外的角度來看，其實地球的日夜、陰陽是同時存在於一個球體上的。

地球上的雌雄動物或植物也是同時存在的，譬如人類應是男女同時並存，不是先有女人存在於地球上一段歲月後，然後再孕育出男人來互為消長，如果祇是循環交替的陰消陽長或陽消陰長的現象，地球實無法孕育出這麼多的動植物。

由以上的太極圖、陰陽互動關係、世間萬象中給了我們兩點很重要的啟示：

其一陰陽是同時存在的，因此在做陽的作為時要同步有陰的作為，也就是**每一個動作中要有陰陽兩者合而為一的特質，是太極拳所以有別於其他武術的最大特色**。

其二**陰陽要同時啟動接觸在一起才能產生能量**，所以太極圖上的陰陽是連在一起，中間沒有間隙、也沒有鴻溝。

太極圖除了具有有以上的特性之外，還有事物的陰陽變化是S形的曲線，此S形曲線介於陰陽之間，S形的曲線變化較之直線的直來直往的路徑，有著不可思議的功能。同時陰陽兩個「空間」區域大小一樣，既提示兩者的地位相等，不可偏廢其一，也不可以偏取其一。還提示著陰陽作為的「時間」要均等，類似於天干、地支中地支陽起於子時，陰起於午時，子午時之間隔各為十二個小時。以及盤架子要講求均勻，動作時要能「沾黏連隨」及「動急則急應，動緩則緩隨」的說法，都隱含了時間的考量因素在裡面。

就我個人對太極圖的淺見，太極圖是將宇宙時空的大太極，濃縮為一個小太極，便於世人觀察了解，設計此圖者可說是絕頂聰明。同時此太極圖蘊含的特質，不僅適用於太極拳，也適用於日常生活中，就看我人能從中悟到多少，而「悟」字本是吾（我）的心，我心能領悟、參悟、頓悟的越多得的就越多，我相信其中應該還有很多神奇奧妙的學問在裡面，願大家一起努力，抽絲剝繭般一絲一絲、一層一層地剝。

1－2　另類思考

太極拳功夫人人愛，學習者眾多，除了求健康，無不希望也能擁有那種以弱打強、以小擊大，把人騰空發出去的功夫。

個人有幸進入這個領域，能一窺這門武學。在歲月的軌跡中不斷思考推敲、測試驗證，而漸有所獲，個人在學習太極拳的心路歷程裡，常以客觀的態度、觀察萬事萬物的現象、體察為人處事的經驗、研究做學問的方法，而不被拳經、拳論等所羈絆。

「易經」的接觸給了我很大的啟示。易經兩個字大家都聽過，更有投入研習而有造詣者不乏其人。對尚未投入者，至少也看過八卦的圖騰。以八卦圖騰為例，它告示我們八個方位或八種物理屬性。透過學習，例如八個方位可用於陽宅風水吉凶禍福的評斷，八種物理屬性可用卜卦方式推演萬事萬物的變化。

八卦的八個方位分別為東、南、西、北、東南、東北、西南、西北。我人可將此八個方位的概念移於陽宅上，從房屋整層或某一房間內，八個方位的某一方位開始，站在此方位上向前看，逐次移一個方位，直到八個方位都走過後，會發現從每個方位所看到的景物、視覺效果截然有別，並非平日習慣性在教室中、客廳沙發椅上或工作檯前，向前看的感覺。

好比在課堂上上課時，老師從講台上面向的是學生、學員的臉及課堂後方牆壁上的佈置。從學生、學員的角度看，看到的是前座無數的後腦袋、老師的臉、黑板及黑板上的板書內容。

在那不變的空間中因方位、角度的改變，我人的感覺、眼光、看法也跟著不同，彷如在這地球的空間中，各國因所處地理位置的不同、利害關係不同，他們所加諸於我國在國際地位上的蠻橫壓力、陰謀伎倆、詭譎策略等而有不同，是同一道理。

由上述簡單引喻可知，看事物不宜從單一方向著手，由不同方向切入可得到不同答案。同理可將易經中的八卦，甚至於再加「上」、「下」兩方而成佛家的「十方」，套入太極拳的領域中探討。

從做學問的立場看，每一本書皆為單一作者個人的見解，並不能代表全部人的看法。同時在寫論文、報告時還須參閱無數人對同一問題的不同看法，才能豐富內容、增強立論。但不見得已是最完美的書籍、論文、報告，還有被其他研究者推翻的可能，這是大家認知的事實。

然而在太極拳的研究上，大家幾乎忘了這樣的思維模式，總把單一個人的拳經、拳論等奉為至高無上的真理，我深深覺得這不是研究學問的方法。同時祇有古人有才華有能力？今人就沒有才華？沒有發展的能力？也沒有發展的空間？這些想法，值得大家深思與推敲。

在太極拳拓展的歲月裡，傳授者、學習者幾乎都抱著拳經、拳論等為惟一的藍本，以種種推論證實拳經、拳論的無誤，強化拳經、拳論的合理性。其實拳經、拳論等也有一些不合理的部分。

譬如拳經中提到的「左重則左虛、右重則右杳」這句話，如果真的如當今大家最多的解讀方式來看，將「左重則左虛、右重則右杳」解讀為左右手旋轉、左右腰對換的實務現象。則當對方為雙手勁力均衡的「按」手，或連走帶衝猛力快速出擊的情形下，我方想要左右旋轉連消帶打地瓦解對方並加以擊敗，可以說是非常的不可能。因此「左重則左虛、右重則右杳」是以這樣的方式解讀，顯然有其問題存在。

千萬不要把對方都當作弱者看待，也不要認為對方都在我方想像的可控制範圍內，左右旋轉必然可將問題解決。因此有些作者將全部拳經、拳論等照著字面文義解說一番就出書問世，彷彿太極拳的韻味、重點已掌握其中!?

拳經、拳論等皆為前輩單一個人在當時的武功程度下，以他個人文學能力所能表達的文句，已將理念完美展現？也許祇是從他個人當時的火候，對太極拳的認知上所能表達的層次。當功夫層次再精進之後，可能會發現原來文句還須做相當程度的調整。或由他人代筆時是否能真正了解口述者之意思，又能用最貼切的字句？

譬如今天若有人問「甚麼是太極拳？」，人們會分別說「太極拳是以柔克剛的拳！」、「太極拳是陰陽相濟的拳！」、「太極拳是一種運動！」、「太極拳是一種武術！」、「太極拳是一種氣功拳！」答案莫衷一是，各有不同的認知是一樣的！從這樣的角度去思考，可知拳經、拳論等未必是惟一的真理！

人們在學習太極拳的過程中，對待拳經、拳論等文句，是由字面摸索，還是進入內層品味？真的把文義內涵完全參透？拳經、拳論等是前輩們具有武功造詣後才轉化為文句的，不具武功基礎或武功基礎還不夠火候的後學者，從字面就能看得懂其中深奧之理？

此外，從有關文句中可發現，絕大部分的後學者對太極拳的文句探討能力尚不夠細密。就以「以柔克剛」、「陰陽相濟」兩組文句為例，若以柔克剛是對的話，怎需陰陽相濟？若陰陽相濟是對的話，以柔豈能克剛？矛盾之處至為明顯！

從太極圖可知既要有陰、也要有陽，才是太極。因此可確認「以柔克剛」是不對的，可是大家察覺到了嗎？多少人跳出了這個圈圈，還是多少人仍然陷在自以為是的圈圈內？

再者中國文字有幾萬字，可用之文句何其多。前輩們為何鍾情「太極」兩個字，其理何在？有何奧秘？又為何文字排列順序是陰陽，而非陽陰？雖然陰陽二字，人人會唸、人人會寫，惟多少人注意到這兩個字的排列？常聽到的是「陰陽」，可曾聽過「陽陰」的唸法？寫法？

每當我們看到某某競賽後，講評人都先說出各方之優點（陰），然後才個別提出參賽者須改進之缺點（陽），觀眾及被講評者都聽的很順耳。幾乎沒有一位講評者，是先講缺點再講優點的。先陰後陽似是天地間冥冥中的一個道理。

在武術上、軍事上、謀略上，先以柔順化解對方盛氣，瓦解對方心志，繼以陽剛之勢出擊；也可說是先讓對方陷入泥沼，再觀其虛實、察其動向，才加以殲滅。太極拳功夫就是將此二字，做了高度藝術的表現與發揮。

總之學功夫、做學問、看問題，都要眼明心細，慎思、明辨、求證才行，切不可囫圇吞棗，照單全收。

1－3　太極拳譜的檢查

代代相傳且不斷增添的拳譜（即拳經、拳論、歌訣等），是歷代太極拳研修者獲有造詣後，留下的經典名句，理論基礎。是武技的精髓，智慧的結晶。細細地研讀、探討，當可作為學習太極拳者不錯的「參考」資料。

太極拳拳譜計有張三手的張譜、王宗岳的王譜、武禹襄的武譜、李亦畬的李譜、牛連元的牛譜、宋書銘的宋譜、明代陳王庭的陳譜、清代陳氏的陳譜、清代楊氏的楊譜，以及各家傳抄的眾譜等，由這些史實資料中我們可發現到一個訊息。那就是前人的拳譜並非惟一的圭臬，因此後學者繼續予以修正、補充或拓展前人未盡言的部分。

我們尊崇前人在太極拳上所開創的不朽功業，卻也不自閉我們的智慧能力，前人留下來的拳譜中如有瑕疵的部分，在文化傳承的歷史使命裡，我們當然也有修正、補充的權利和義務，以尋求更真、更善、更美的境界，繼續為太極拳的發揚光大而努力。

個人有幸投入太極拳的領域，在漫漫歲月中看到各地打太極拳的狀況，想著拳譜中的文句敘述，兩相比對之下總覺得實務與理論兩者之間有些部分不是很搭調，實務與理論兩者之間有著一段距離。經大膽假設、小心求證的結果，大致歸結出以下三大問題，值得我們正視。

壹、太極、陰陽的問題

前人擇用「太極」兩字，有其特殊含義。以太極而論具有陰陽相濟、陰陽同在、陰陽同出，而為「矛盾對立而統一」的特質。然而放眼望去，幾乎所有太極拳活動的場合中，難見陰陽同出的現象，不是純陰就是純陽，陰陽背離，而未能發揮二而一的效果。

太極圖上陰陽同時存在於一個圓圈的空間內，同一點上進行著陰陽互動的運作。而陰陽之互動關係，計有陽陰、陰陽、陰陽相濟、陰陽同在、陰陽同出、陰極生陽等，在太極拳的領域裡，我有以下的體認。

「**陽陰**」是先盛後衰之象，先陽易生雙方頂抗、頂撞情事，且給予對手敏銳感應、接勁及發勁的機會。

「**陰陽**」若為先陰後陽，先蓄後發，先接後放，時間有前後之別，則為分離式的陰陽，還不是完美的太極。

「**陰陽相濟**」有陰有陽近於太極之理，但若是先作陰再作陽，則與上述「陰陽」之情形相同，功效並不大。陰陽相濟之前提是「陰」「陽」要能同時運作才行，若為先純陰、後再純陽，就無法展現陰陽相濟的效果。在陰陽同在，而又陰陽同出狀態下的陰陽相濟，則功能性強。

「**陰陽同在**」若是虛實分明，一者為零一者為一百，這種的陰陽同時存在，等於不存在，無價值可言（因太極陰陽是陰陽各占一半而為地位相等）。若為「陰陽同出」狀態下的陰陽同在，則功效高。

「**陰陽同出**」有如夫妻、男女牽手同進同出，兩者緊密地結合在一起，一個動作中同時有陰也有陽，則威力無比。

「**陰極生陽**」將外來力道一律以陰接方式，作最大的吸納、蓄積，而自然產生的陽能，陽是由陰生的。此狀況下陰蓄的越久、越深，則轉化為陽的能量就越強。

在學習的歲月裡由「陰極生陽」及「陰陽」的體會後，漸次進入「陰陽同在」、「陰陽同出」的練習，最後達到陰陽同在、陰陽同出，陰陽比例相等，即陰接的能量多少與陽發的能量多少相等，及陰陽作為的時間相等，又合而為一的「陰陽相濟」，始可臻大用。然而這樣的分析、說法及動作表現方式，卻是難得看到。

貳、拳譜中對於「理」的描述存有不合理的矛盾問題

(1)「……有不得機得勢處，身便散亂，其病必於腰腿求之……」的研討

在張三丰太極拳拳經這句話中可發現的問題為，得不得機得不得勢必然是在雙方試手接招的狀態下，不在試手接招的狀態下，通常自我盤架子時是難以發現的。

當雙方在試手接招的狀態下不得機或不得勢，或既不得機又不得勢之際，其實就是對方得機得勢的時刻，對方又能拿捏的準、火候又不錯的話，已是對方發勁的最佳時點，而被對方發出去勝負已見！否則永遠不會有敗者！

真正的接發勁功夫常在半秒或一秒鐘內即見分曉！有不得機不得勢者，想在這樣的

時間內回顧自身在腰腿上求之的機會，可說是緣木求魚。

從「……有不得機得勢處，身便散亂，其病必於腰腿求之……」中，可見有值得商榷的空間，這句話不太符合實際臨場情況，因在己方不得機得勢時，對方怎可能像木頭人般不會反應？除非己方是高手才可能修正腰腿的問題，但既是高手又怎可能發生不得機得勢的情況？

高手是既要取得己方的得機得勢，還要製造對方的不得機不得勢。火候差者難有「……其病必於腰腿求之……」的機會的。除非！事後做為檢討的切入點。

(2)「以柔克剛」的不合理

由前面敘述可知，要產生功效需陰陽相濟。所謂獨陰不生、獨陽不長，這是天地之理，獨陰不能解決問題的，因此以柔克剛誤導了人們思維走向，當然發生了問題。何況王宗岳太極拳論中有謂「……人剛我柔謂之『走』……」，其中用的是「走」字，並非「克」字！以柔克剛這個思維問題，我們可由不同的方向予以探討。

從太極圖看，太極圖是一陰一陽或半陰半陽的結構，偏陰偏陽都不對，而以柔克剛是偏陰走向，以柔為指導方針近於「太陰」之勢，與太極可說是沒有關聯。

從流程來看，以柔克剛的柔是手段也是目的，一字兼二職；但由太極本質來看，既要用陰也要用陽才合於太極本質，陰陽〔柔剛〕二字各兼一職，柔為手段剛為目的，兩者各有其功能。

從天地之理看，所謂獨陰不生、獨陽不長，天地間本來就存在著陰陽相濟的結構，獨陰獨陽都不對的。

從數學立場看，我方所展現的是太極的話，應該是－號（陰）及＋號（陽）的共用，當對方出擊時為＋號的陽剛勁力，我方則以陰柔的－號與對方正負相消，使對方勁力消掉化掉，接著再用我方＋號出擊，最後擊敗對方的是我方的陽剛之勁，我方的陰柔陰消的作為，僅祇是一個過程而已，不是結果。

從武學立場看，日本的柔道相傳是由中國的柔術演化出來的，柔術、柔道都以

「柔」字開頭，但從來沒有人將柔術或柔道稱為太極拳。

因此在看太極圖時不要祇看到黑的一面，而忘了白的一面，太極拳不是以黑為主體，應該是黑白地位相等，陰陽相濟才對的。

在王宗岳太極拳論中，除了「……人剛我柔謂之『走』……」，其中用的是「走」字，並非「克」字之外；還有「……陰不離陽，陽不離陰；陰陽相濟，方為懂勁……」的文句，從以上兩組文句中清楚地看到重點並不放在「以柔克剛」。但後人卻一直將王宗岳太極拳拳經定位在「以柔克剛」的思維上，是否解讀有誤？還是研判錯誤？

既為太極就必須有陰有陽，放之體用之「用」上面，當外來之勁力加諸己身時，我人僅以「柔」就能克敵而不必用「剛」的話，豈不應叫做「太陰拳」？若太極圖上祇有陰面而沒有陽面如何可稱太極？同時若陰已能解決問題的話，何需再研究發勁？又何需強調陰陽相濟？以柔克剛、發勁與陰陽相濟這三句話並列在太極拳的領域中，其自相矛盾的說法豈不一覽無遺？

就像任何國家都須厚植國防武力，當戰爭來臨時才能抵禦外侮，不設國防僅以陰柔、退縮、低調處理而能長治久安？所以「以柔克剛」這句話令人質疑，應該用「以柔化剛」或「以柔蘊剛」才見合理！

這段否定「以柔克剛」的看法，並不是說太極拳有問題，而是應將「以柔克剛」的思維調整為「陰陽相濟」的思維。先以陰柔化解對方之陽剛，然後再以己方的陽剛出擊，且能在同一時刻展現「陰陽相濟」之效果則更好，這樣既有陰也有陽才能說是「太極」拳！由上種種分析可知以柔克剛不足以承擔太極拳的大任。

(3)「步隨身換」應改爲「身隨步換」

「步隨身換」這句話不合萬物之理。觀察人類、動物的移動或移位，那一項不是用腳動的呢？甚至車輛的走動，也是車輪在滾動而帶動的。動能起於最底部，此理用之於太極拳領域中，正確的用語應是「身隨步換」，而非「步隨身換」。因此打拳時應該是由腳〔或步〕先動，而後才有身動、手動，而與「由腳、而腿、而腰……」之語意相配合。

(4)「借人之力」、「以柔克剛」、「化勁」、「四兩撥千斤」、「一羽不能加、蠅蟲不能落」的混淆

這幾句令人易生混淆的文句。每組文句個別來探討都看似有道理，但將其組合在一起時，卻顯現剪不清理還亂的糾葛情節，為甚麼？讓我們從以上文句看端倪。

因若為「一羽不能加、蠅蟲不能落」或「以柔克剛」，如何能「借人之力」？若為「化掉來勁」之「化勁」，何需「借人之力」？又若需「借人之力」，何需「四兩撥千斤」？何不借用對方之力？若不「借人之力」，那要用何力、何勁作戰？以上文句在在存在著自相矛盾的瑕疵，在糾結不清的情境中，太極拳功夫當然難以撥雲見日！

「化生千億歸抱一」的文句，提示我們在用時祇有「一」，在實務中雙方一搭上手後，不可能在既創造問題又解決問題中打轉，而有無數的「二」或「三」的機會，否

則勝算渺茫！

(5)「彼不動，己不動；彼微動、己先動」的問題

這幾句話看似簡單明瞭，其實若是彼不動而己亦不不動，待對方動時才動，則永遠處於被動，已失了先機！實務上在上手時或上手前應已意動、心動、內動地完成備戰狀態。且可以極微的內動方式誘敵，引動對手根部，使對手根部浮動，就容易獲得戰果。

(6)「以動制靜」與「以靜制動」之比較

太極是兩個不同物理屬性的組合，它的功能發揮需兩者互動，且緊密地結合在一起同時運作才合理，有陰動也有陽動，也可以說既有陽謀也有陰謀，但以靜制動的說法卻是分割的片段，是先純靜後純動，與太極本質的陰陽互動的相生相長有段距離。

觀察各國的國防在平日都以雷達或電子設備在偵搜領海、領空或領土，特工人員活躍於敵國境內，這些就相當於不形之於外的「內動」，待敵國飛機、軍艦或飛彈來襲

時，已掌握其路線、速度、數量，作出適時、適當的「外動」反擊。為求得生存必須隨時隨地無處不在動，且是長時間的內動（平時流汗、流血的訓練）之後才能發為短暫的外動需要（養兵千日用於一時）。同理雙方一對上陣或搭上手時，已由無極進入太極，而進入陰陽同生之階段，生陰生陽屬「動」態之狀態，此動態不論是內動或外動，都在動態範圍，不是「靜」態，而為動態開始，靜態收尾（戰事結束）。因此可知「以動制靜」是在陰陽互動之中而同時變化，勝於「以靜制動」的說法。

參、後人誤解拳譜真實含義的部分

(1)「其根在腳、發於腿、主宰於腰、形於手指」的重點所在

這句話常人多以腰為主宰，腰應先動，疏忽了其根在「腳」的重點所在。

此外文句為其「根」在腳，不是其「樁」在腳，也可以說提出這句話的前輩很明確地告訴我們不要從「站樁」開始，因樁是死的、僵的。根則是活的，根具有可變動

性可調節性的性質，若能練出有如大樹盤根錯節般的根，則接勁能力增強、接地之力增加、發勁威力提升、其功效與站樁是不一樣的。

(2)「一動無有不動、一靜無有不靜」之比較

前一句話在敘述「動」的部分，要能意動、內動、全身各部都在動，合於太極拳由無極動而進入太極後一切都在動的狀態。

然而用在「拳架」中，卻被一般人解讀為手到腳到、腳動手動是一起動的，忘了「節節貫串」這句話。我們知道任何「路徑」永遠是一步一步地逐次前進的，不可能一蹴而成，例如讀書是由小學、中學、大學而致研究所，有其流程與時間。所以要細心體會節節貫串的道理，這是萬物之理，手到腳到或腳動手動地同時動作，不符合萬物之理。因能量從腳底傳輸到手上，不論動作如何快總會有零點幾秒的時間存在，也就是說一定有節節貫串的流程與時間，而不可能腳動手動是一起動的，打拳架一定要有節節貫串的感覺才對！

至於「一靜無有不靜」也不見得對的，因有「勁斷意未斷」之說，告示我們並非全靜。且在雙方接戰的過程中，一方祇要稍有靜態現象（例如：來勁化不掉，被來勁鎖住困住的那一剎那時刻……等）發生，即將成為對方發勁的時機。

(3)「一處有一處虛實、處處總此一虛實」的認知

這句話一般教師或學習者多以手、腳分清虛實來解釋、來看待，其實這種解釋是錯誤的！為甚麼？因這句話若為「一處有一處虛，一處有一處實、處處總此一虛、處處總此此一實」的寫法，才能說是「分清虛實」。

原文的「一處有一處虛實、處處總此一虛實」這句話，擴大一些來看就是「每一處有每一處的虛實，每一處都離不開此一虛實」之意，即對方觸及我方之手時，我手部搭點處就要形成一個太極，對方為陽放我方為陰收。若搭在我方其他部位，我方其他部位也都形成太極。即有三、四個搭點，就有三、四個太極的形成。再者若由我方搭在對

方身上時，與對方每一個搭點處也都要形成一個太極，又因有陰收的作為，對方的陽能已被消化或轉化，失去繼續前進攻擊能力之際，搭點處就是我方出擊的時間及發勁點，而臻同一時間同一空間「化是打、打是化」的效果。

總之「一處有一處虛實、處處總此一虛實」是更高層次的思維、更高層次的功夫，千萬不要將「一處有一處虛實、處處總此一虛實」落入虛實分清的框框內。

(4)「虛實分清」的看法

這句話部分人們都認為應該一腳為實、一腳為虛，一手為實另一手則為虛，這樣的看法未免太簡單化啦。

若將「虛實分清」作為一腳為實一腳為虛的解釋，那外家拳各門各派何嘗沒有虛實分清的問題與學習？也就是說虛實分清不應是太極拳的特質或要領。例如外家拳的腿術中若沒有穩定的一隻實腳，另一腳能起腳踢出？若單一實腳是最好的道理，上天何必賜給人類兩隻腳？又若祇是這麼簡單的道理，前輩們何必提出這句話？

我所以認為未免太簡單化的理由，因在張三丰太極拳拳經中的用語為「……虛實宜分清楚……」，並非「……一腳為實、一腳為虛……」，同時虛實宜分清楚的後語接著為「一處有一處虛實、處處總此一虛實」，若為「……一腳為實、一腳為虛」的說法，則無法與「一處有一處虛實、處處總此一虛實」串聯一氣。又在王宗岳太極拳拳經中的用語為「……陽不離陰，陰不離陽，陰陽相濟，方為懂勁……」，以及清代陳鑫的拳論中有「……五陰五陽是妙手……」的說法，再次可見陽中有陰，陰中有陽的說法，並非陰陽分離的。

太極圖為陰陽連在一起，中間沒有鴻溝。不是前一腳為陰，後一腳為陽或左腳為陰，右腳為陽，分離的陰陽。也就是前後腳分離，左右腳分離的狀態，不屬於太極陰陽的範圍。道理很簡單，那就是外家拳也有前後腳分離，左右腳分離的狀態，卻沒有人說外家拳也是太極拳，而會外家拳的人也沒有人肯說，他們的拳就是太極拳！

拳名「太極」就與太極有關，太極應與太極圖有關，而太極圖又與兩件事有關，那就是陰陽，陰陽要同在才能陰陽相濟。就我目前的認知，太極陰陽牽涉到四個問題：

一是牽涉到時間問題，見第五章所提「接勁發勁的時間訓練」，作陰作陽的時間要相等。

二是牽涉到地位相等問題，陰陽份量要相當，譬如清代王宗岳拳譜中提到的「陰不離陽，陽不離陰；陰陽相濟；方為懂勁」，清代陳鑫拳譜中提到的「……五陰五陽是妙手……」，都有陰陽地位相等的見解。

三是牽涉到能量傳輸問題，見第五章「接勁發勁的時間訓練」，譬如依來勁力道抽卸於腳底，要與發陽勁於上方的能量相等。

四是牽涉到能量的產生問題，見第五章「勁路的培養」，譬如接上粗細相等的電線（電流相等），才能產生電能而發光、發熱、啟動引擎或吹送冷氣。又譬如美國的航太總署為了將太空梭送入太空，而設計了巨大的燃料箱，作為動力的來源，使能有強大的推力（後噴），以產生強大的前進力量。

因此陰的通路與陽的通路一樣粗細的養成（或意念導引），是必須考慮的問題。

以上例舉在在說明了陰陽相輔相成比值相等的互動關係，陰陽各有其功能性與價值性，太極圖並沒昭示我們天地道理是一者為一百、一者為零的狀態，若如此太極圖應該是全黑或全白的。怎會是黑白各占一半？

雖然白紙黑字，字字躍然紙上，但它並不是片面的字義，字字句句都是前輩們具有武功心得後轉化為字句的，由武功立場來解說的。「虛實分清」四個字蘊含了整個太極圖的奧妙，所以虛實分清的研討應放在太極圖的領域上剖析，不宜從文字的表面上加以解釋。也可以說將虛實分清擺在一腳為實一腳為虛的層面上，是搞錯方向啦！

真正的虛實分清之意，是雙腳可自為虛實（陰陽），雙手可以自為陰陽，甚至身體的搭點處也可以自為陰陽，處處不離陰陽同體存在、陰陽同時存在的境界，要練到處處能感覺的出、能檢驗的出，在那接勁或發勁的一剎那間，陰陽同比例地相生相長在同一點上、或陰陽相互流轉能量逐漸增強的效果。

(5)「……有上則有下，有前則有後，有左則有右……」的解讀

張三丰太極拳拳經中「……有上則有下，有前則有後，有左則有右……」，在這樣的文句裡表示「上、下」的同時存在，「左、右」的同時存在，「前、後」的同時存在，有如太極圖的陰陽同時存在，黑白同時存在一樣。

既然是兩者同時存在的「……有上則有下，有前則有後，有左則有右……」寫在前面，而「……虛實宜分清楚……」寫在後面，在同一篇文章中不可能前後不一致地陳述，否則就產生了矛盾。

也就是說「……有上則有下，有前則有後，有左則有右……」與「……虛實宜分清楚……」的意思一樣，是敘述與太極圖有關、陰陽各占一半的理念，而有著立體太極的架構在裡面。

(6)「左重則左虛、右重則右杳」的剖析

這句話部分人們多將它解釋為，當來勁力道加在我方右手或右腰時，卸放掉右手或

右腰的來勁力道，然後轉由左手或左腰出擊，或來勁力道加在我方左手或左腰時，卸放掉左手或左腰的來勁力道，然後轉由右手或右腰出擊之同一時間不同空間（左右旋轉需經一尺到半公尺的空間距離）的圓轉動作，是用「線」作戰，若如此則較之「一處有一處虛實、處處總此一虛實」的作為時間長反擊慢。

另一種的解釋是與「一處有一處虛實、處處總此一虛實」意思相同，祇是用語不同而已。在任何一個搭點處均能展現陰陽流轉的能力（即**在1－1太極陰陽**中所敘述的『……在一接點上的某一邊做陰時，相對應地同一點的另一邊會有陽的反應，也就是有陰就有陽，陰陽同時、同空地存在……』），則與「一處有一處虛實、處處總此一虛實」的境界完全相同，以「點」作戰，則作為時間短反擊快。

「左重則左虛、右重則右杳」的層次，到底應該是等於「一處有一處虛實、處處總此一虛實」，或不等於「一處有一處虛實、處處總此一虛實」的說法？我認為首先與功夫的層次高低有關，其次是對於王宗岳太極拳拳經的解讀能力有關。我個人比較傾向等於「一處有一處虛實、處處總此一虛實」的說法，因為王宗岳太極拳經中有「……雖變化萬端，而理為一貫……」的用語，也才能呼應張三丰太極拳拳經中「一處有一處虛實、處處總此一虛實」的提示。何況兩組文句所表達的意境若不相等，則表示王宗岳沒有承接張三丰的太極拳思維之外，展現於武功上，一者作為時間短反擊快，一者作為時間長反擊慢，兩者意境及功夫層次不可相提並論，那麼王宗岳就無法在太極拳的領域裡站有一席之地的。

(7)「蓄勁如張弓、發勁如放箭」與「擊敵如迅雷、雷發不及掩耳」的關係

「蓄勁如張弓、發勁如放箭」與「擊敵如迅雷、雷發不及掩耳」相互輝映，由於放箭、迅雷的字眼，使人連想到的是「速度」問題。但從太極圖上可看出陰陽的作為時間應該一樣，若陰的作為時間長，而陽的作為時間短，陰多陽少，就成為扭曲變形的太極

圖，不合太極圖之結構。此外陽出越明顯，越會成為對手腳底的動能，越有被對手接勁、發勁的機會，反而使自己處於不利地位。

再者拳經中「蓄勁如張弓、發勁如放箭」這句話的上一句話為「運勁如抽絲」，提示我們在接勁或放勁時，都應像抽蠶絲般「慢」而均勻才行，太「快」就會把蠶絲抽斷了。因此張弓、放箭祇宜以相對比喻看待，是一種有拉、有放相對狀態的敘述，不能純以時間看待。

「快」不是一種「有為法」，快應該是一種「無為法」，是隨著對方的速度、運作狀態而相對反應的速度，也就是隨對方的反應而反應，才能符合「沾黏貼隨」及「動急則急應，動緩則緩隨」的要求，就是涉及時間的話也不能走上「快」的路。何況王宗岳太極拳論有謂「觀耄耋能禦眾之形，快何能為？」就可作最佳註解。

(8)「一羽不能加、蠅蟲不能落」的看法

用在聽勁上這句話滿有意境的，鬆柔程度高、觸覺靈敏者很容易表現出來。但聽勁

後還需發勁，發勁時由於不可能隔空打人的關係，勢必要接觸到對方肌膚，相對地又給了對方接發勁機會，「一羽不能加、蠅蟲不能落」並沒把問題解決；它祇彷如音樂的前奏曲，還不是主題曲。

因此既要接觸對方肌膚，也要給予對方接觸肌膚之誘餌，才能在接觸中了解對方的勁道、走向、僵死點、鬆柔度等，達到懂勁效果，而採行最佳方式克敵致勝。

(9)「……活如車輪……」的深層含意

王宗岳太極拳拳經中有「……活如車輪……」的文句，初看好像很容易，其實這句話讓我們再往下深兩層來看，其一是車輪要隨著車軸（或稱為傳動軸）的旋動而滾動，其二是車軸要在原車軸存在的那個空間位置上旋轉。傳動軸關係著車輪的運轉效果。以車子為例，在行進間傳動軸若是不在原空間位置上旋轉，而是隨時偏來偏去的話，請問車子能繼續開的下去？

在傳動軸不偏移的空間位置上，帶動車輪滾動。這樣的「……活如車輪……」才有意義。若祇一味地滾動腰部，而不知車軸的（在人體上可以『垂直軸』看待）關聯性，動不動就偏離原空間位置的話，勢必影響勁力的傳輸。所以張三手太極拳拳經中特別提到「……腰為主宰……」、及「……有不得機不得勢處，身便散亂，其病必於腰腿求之……」，有其特殊含意的。也才容易解說張三手太極拳拳經中提到「……無使有缺陷處，無使有凹凸處……」的可能。

此外「……活如車輪……」這句話未必祇限於「腰」的部分，可延用於其他的身體部位，如手、腳或身體上的搭點處上，一樣有垂直軸的問題存在。

(10)「拳打萬遍，神理自現」的可能性

這部分涉及兩項問題，若是體用處於上述「矛盾」、「不合理」的境界裡；又譬如尋路在一開始就走錯方向的話，是永遠走不到目的地的。因此拳打萬遍，未必神理自現！

由於拳譜太多，其中存在著合理、不合理及似是而非的問題，而大家又幾乎不加思索地照單全收，看拳譜就像霧中賞花一樣，

彷如霧非霧、花非花的情景，迷迷濛濛一片。其實一言以蔽之，整套太極拳就存在於清末陳鑫太極拳論中的一句話，即「太極陰陽、有柔有剛、剛中寓柔、柔中寓剛、陰陽相濟、運化無方」看似淺顯卻又深奧的哲理中，抱持冷靜客觀態度從源頭看問題、字字句句推敲、靜靜地思考、細細地剖析，才能神理自現。

從太極拳譜的探討、檢查中可以發現，拳經、拳論、歌訣等拳譜中所表達的內容有其精美性，有其矛盾性、有其差異性，有其階段性、也有其瑕疵性，不是完美無缺的。

看拳譜不宜單從某篇上著手，也許在這篇中不懂的部分從別篇中可以得到解答。僅將某一人的拳譜從頭到尾敘述一番，就以為把太極拳的道理都已貫穿，可能是辦不到的事！

何況當我人的功夫層次日漸精進，萬物萬象越能觀察了解之後，對於同一句話會隨著歲月的不同，而有不同的詮釋。

1－4　歷史典故的探討

根據民國五十八年十一月出版　慎先嫻著的《太極拳術》一書中有著這樣的敘述。據白羽著「楊露禪別傳」後記中所載：「太極拳『廣平』一支，『北京』一支，都是出自楊班侯的傳授。『廣平派』出名的是陳秀峰。陳秀峰曾侍班侯入京，看見『北京派』與『廣平派』迴然不同，密問班侯：『何故同出師授，而廣平派有剛有柔，北京派一味純柔？』楊班侯起初笑而不語，末後才說：『京中多貴人，習拳出於好奇好玩，彼旗人體質本與漢人不同，你不知道嗎？』話中寄意深長，問的人不敢再問了。」

這段記載並不是毫無根據的，當時滿人統治中國，壓迫殘殺，無所不用其極，凡是非滿人，誰不懷恨在心？尤其是武林中頭腦清楚的人，更不肯真心為滿虜利用。楊氏父子，當時受滿清之聘做了旗營武術教練，誰也不肯相信楊氏父子真甘心把太極拳絕技傳授給異族來殘殺異己，但不教又不成，只好僅教他們「太極之形」，不授「太極之法」和「功」，使他們軟綿綿地練不出甚麼驚人的功夫來，不致以此功夫傷害更多的人，而在消極方面，可以使清室王公貝勒，抱著一個神秘感，去追求渺杳的「內功」，當時楊氏這種用心，實也出於愛國心而迫於不得已的。但楊氏教授廣平自己鄉人，又就不是這樣了，練時有剛有柔，柔以化敵，剛以攻敵，剛柔並練，養成功勁，正如「太極行功心解篇」所云：「極柔軟，然後極剛強」「先求開展後求緊湊」。這些都可由當時班侯先生答陳秀峰的疑問中，探出話意。楊氏所稱「京中多貴人，習拳出於好奇玩票」，可見清室的王公貝勒們是金枝玉葉之身，吃不了苦頭，學太極拳旨在玩票，裝裝「時髦」，以炫其「神秘的內功」而已。楊氏對症下藥，傳授他們不用費力的「太極之形」。班侯先生又稱「且旗人非漢人，你不知道嗎？」這充分表現出他的愛國心，把「漢人」和「旗人」分得很清楚，人有「旗」與「漢」分別，難道教出來的拳就沒有「正」「副」的分別嗎？

這便是「北京派純柔」，「廣平派有剛有柔」，練法不同的大原因，如果我們相信楊氏父子當時是有愛國心的話，我們便有理由相信上面所引這段陳秀峰請問班侯先生的記述是可靠的。

現在，再引一段河北董英傑老師所著《太極拳釋義》內載〔第61面〕：「太極拳不得真傳，祇是身體略壯耳，練拳十年，終是糊塗，若得真傳，如法練去，金剛羅漢體不難得矣。」

董英傑老師這些話，真是一針見血之談，快人快語，令人敬佩。照他老人家說法，就是學太極。如果依照普通練法，最多是身體略壯而已，換句話說，普通的練法，用以健身養體是綽綽有餘，但如果要練成真正太極功勁，練成羅漢金剛不壞之身，則必須得到「真傳」，所謂「真傳」，就是另一種密法，不然練拳十年，終是糊塗，練不出真功夫出來。

接著又說楊班侯和楊健侯二位先生，在少年時跟隨父親楊露禪練拳，一個辛苦的畏難要想逃亡，一個辛苦的灰心要薙髮做和尚，兩人都受不了那種苦楚，可見當時楊家的練法，是如何堅苦卓絕。

關於這個問題，最後由楊守中老師來解答：「如果僅以拳健身養生而言，則須柔練，求姿勢大開大展，以養蓄精氣，裨益身心。如果以技擊而言，一方面知道如何以『柔』化敵，一方面也應知道如何以『剛』攻敵，剛柔相濟，始臻大用。」

由上面種種引證，我們可以相信，練習太極拳，如要練到真功夫或要得到真功夫，單憑普通那種輕柔不著力的練法是辦不到的。

1－5　天下之至柔馳騁天下之至堅

「天下之至柔馳騁天下之至堅」這句話是對？是錯？還是半對、半錯？讓我們從萬象及事實中看問題，畢竟事實勝於雄辯！

老子生長的那個時代，是未開發蠻荒大地的時代，是洪水、猛獸、風災等肆虐的時期，看到的是狂風暴雨的威力，無緣看到人類近代科技的成就。當然不知道鋼筋水泥建築承受風力的能耐，不知道剛性的水壩能將柔性的水積困在水庫內，也不知道進行軍事作戰發射的是固體的飛彈，或「水刀」也需水在剛性的機械體內經加壓後才能產生，因此剛性的實用性、價值性不容否認。

由這樣的推理中可知，老子說那句話有他的時代背景，若是換為今天是否還真能用同一句話？

人類有男女、動植物有雌雄、電因正極負極而發光發熱，每天有白天黑夜，天地間本來就存在著陰陽調和、陰陽相濟之結構和景象，這是不爭的事實。但「天下之至柔馳騁天下之至堅」這句話，卻漠視陽剛之存在性及價值性，一味強調陰柔是至高無上的，對事實存在之萬象視而不見，顯然不符天地之理。畢竟「人法地、法天、法道、法自然」這是大家公認的道理！

因此從「人間萬象」中找答案是最實在的，看看過去人間萬象，想想今天人間萬象，那「天下之至柔馳騁天下之至堅」這句話是否必然是對的？是否適用於古今？

再者若「天下之至柔馳騁天下之至堅」是最高指導原則的話，極柔軟然後極剛強的「剛強」就不具有意義，也沒有存在的必要性；若極剛強有其必要性，承認要有陰也要有陽，則天下之至柔馳騁天下之至堅，顯然存有破綻！

事實上太極為有陰有陽，陰陽相濟才是太極拳的根本基礎，可知「天下之至柔馳騁天下之至堅」這句話，難以構成太極拳之當然特質。

1－6　極柔軟然後極剛强

有人認為太極拳應該「以柔克剛」，以柔克剛是根據拳論的「極柔軟然後極剛強」，而極柔軟然後極剛強是根據「天下之至柔馳騁天下之至堅」的理論而來，根本立足點也在這裡。

但經前述「天下之至柔馳騁天下之至堅」之敘述分析後，可知「根本」發生了問題，則「以柔克剛」、「極柔軟然後極剛強」當然也發生了問題。

所以「以柔克剛」、「極柔軟然後極剛強」、「天下之至柔馳騁天下之至堅」三者，就未必是太極拳真假優劣的主要標準。

1－7　拳架的探討

拳架是學太極拳的必經途徑，也是學得太極拳功夫的必然過程，拳架有其一定程度的價值性。但常有人說，我們不可以隨便修改祖先傳下來的拳架。但到底能不能改？

從歷史資料中觀察，由可查考的部分來看，陳氏太極拳傳至陳長興，他在祖傳老架套路的基礎上將太極拳套路由博歸約，精煉歸納，發展出現在的陳氏太極拳一路、二路（又名炮捶），後人稱為太極拳老架；

傳至陳清平，拳架小而緊湊，加圈纏絲，是陳氏小家流派的支流；楊露禪得陳家太極拳功夫成為楊無敵，後到清宮王府教拳，為了適應他們體質的需要，將陳氏太極拳套路中的纏絲勁及竄蹦跳躍發勁等難度較大的動作作了些改動，使其姿勢較為簡化，動作柔和，不蹦不跳，後經其三子健侯修改成中架子，再經其孫澄甫的修改而成為目前流行較廣的楊氏太極拳，其特點是拳架舒展，動作和順，姿勢軟柔；鄭子太極拳則由鄭曼青師爺將楊氏一零八式修改為三七式；

何況現在還有大陸新推展的二十四式、四十二式、四十八式等太極拳套路。

由這些資料可以很清楚地知道，拳架應該可以被修改。

從來沒有聽到有人抨擊那些在過去開創出新的人，並對每一個開創者幾乎是歌功頌德、讚譽有加，都承認並接受他們的作為。但是！前人的拳架發展是否已達完美無缺，毫無可再精進之處？太極拳架的發展已然到此為止？

1－8　陰陽相濟，方爲懂勁

「陰陽相濟，方為懂勁」，部分人們多將它定位在「聽勁」或「推手」的領域上。其實應解釋為在每一勁的展現中，都須存在著陰陽相濟、陰陽同出、陰陽同在的狀況。一搭手之際要能知道自己陰勁、陽勁運作的情況，又能知道對方陰勁、陽勁運作情形。雙方皆為陰之運作？皆為陽之運作？己方為陰對方為陽？己方為陽對方為陰？或雙方皆為陰陽相濟、陰陽同出等之感應，這些感應祇在觸手的那一剎那已了然於心，不必在你來我往的「推手」中才辨到，且能判別接發勁的時機、發勁點與方向，這樣才能稱為「懂」勁。

前賢王宗岳提出「陰陽相濟，方為懂勁」兩組文句聯鎖在一起的八個字，一定有他的道理，如今由上述分析更可證明，這兩組文句是相輔相成的，不能分開來個別解釋，而為太極拳的「勁」路應懂得陰陽相濟。「陰陽相濟，方為懂勁」是重要的文句，關係著太極拳的發展成果。

1－9　腰爲主宰

「腰為主宰」這句話，予人顧名思義的見解，以腰帶動手、腳是正當的。因此幾乎各本有關太極拳的書籍，都是腰需先動以帶動四肢的說法！

事實上由實證得知，若用腰、動腰將使勁斷於腰，勁之傳送阻滯於腰際，反而影響了接勁、發勁的效果。所以腰不可亂用、亂動，否則失去「主宰」的含義。也就是不動到腰，才可主宰上下、主宰整體！

以上這段分析內容絕非憑空杜撰，是有根據的。

例如：舉重選手腰綁寬皮帶；汽車有前輪帶動或後輪帶動，而沒有中輪帶動的；船在航行時縱然船頭、船尾上下顛簸，龍骨部位則絕不能離位或亂動的；由實務的動作中發現，當我們動到腰時所產生的能量及傳輸能量的速度，比起不動腰時所產生的能量小，傳輸能量的速度慢，或者說在不動腰的情況下產生的能量比動腰產生的能量大，傳輸能量的速度也比動腰的速度快。

拳論中「由腳、而腿、而腰……」文句中『由腳』才是重點，若不是重點，前輩們何不直接用「腰為主宰，帶動四肢」的詞句？看問題要從整體下手，細密思考、小心求證。

1－10　以小勝大

在《太極拳源流考訂》一書中有「……，對敵不在乎身體大小輕重，祇要能機靈應變，絕無不勝之理。」之語句，如此說法若身材高大卻機靈應變者，豈不與此主題不合？大者都不適合練太極拳？同時凡事絕對嗎？怎能說：「絕無不勝之理。」未免太神化了太極拳！

又有「……，況且大力之襲擊，小力不與相抗，反而化解與引進落空……」，這種思維看似合理，但用於實務上不僅給了對方時間、空間，還浪費了可用的對方能量。

因此，如何轉化對方的能量成為我方能量，成為打擊對方的能量，才是精髓所在。以小勝大不是解決問題的根本途徑。

1－11 「虛」字辨正

人們對虛實之「虛」字，多以「虛空」、「虛無」、「空虛」看待，這是相對於「實」的文義而產生的概念。因此，太極拳傳授者多要求學習者，打拳時虛腳要能虛空，移位是由實腳移向虛腳，而不是由虛腳移向實腳。發勁時實腳可以發勁，虛腳無法發勁。

人們將「陰陽」二字演譯為「虛實」、「剛柔」、「動靜」等字句，陰陽即虛實、剛柔、動靜之意，且沿習已久。

其實陰陽二字祗是屬性相反，但均為事實存在之物理特性，都有運作的功能，「虛」並非空、無之意。但人們將陰陽演譯為虛實而套入太極拳中之後，卻被「虛」字概念所蒙蔽，忘了它的原來特性，而產生了上述虛空、虛無的實務現象，離陰陽而去，太極拳整個變了質。無法展現真正的功夫效能，未能看到整個太極拳面貌，無法體會太極拳的真、善、美。所以，人們祇好說是當作運動，為了健康而已。

說實在那一個人不想一次投入而能獲得既有

「健康」又有「武功」的多元回饋？經推理及實證，回歸太極本義後，很明顯地發現前腳可發勁，後腳也可發勁，甚至於前後腳更可同時發勁。由此辨別後，太極拳可走出新的道路，開拓新的領域。

1－12 陰陽、虛實、剛柔文字之比較

人們幾乎都把陰陽、虛實、剛柔等文字以同義看待，也就是陰陽與虛實同義，虛實與剛柔同義，剛柔與陰陽同義，在過去筆者也一直接受這樣的概念，幾乎沒有任何懷疑。而今在太極陰陽的字義及功能越加瞭解之後，恍然發現，陰陽既不等於虛實，也不等於剛柔。理由何在？因陰陽之物理屬性雖不相同，卻是事實地存在，並能相互互補、相互調和而產生能量。

虛實、剛柔則無法發揮互補、調和之功效。虛字之意思為「空」，實之意思為「滿」，剛之意思為「硬」，柔之意思為「軟」。空及滿組合在一起沒有互補功能，硬及軟組合在一起也沒有互補功能。也就是說虛實、剛柔的本質或本性，並不等於

陰陽。所以，陰陽的特質與虛實、剛柔無關。

陰陽就是陰陽，陰陽無法用其他字眼等量代換的。所以，自古以來祇有「太極陰陽」的說法，而沒有「太極剛柔」、「太極虛實」的說法。

1－13　反及無

老子道德經之道經中有謂「反者道之動，柔者道之用；天地萬物生於有，有生於無」，此句話中頭尾兩個字，道出了天地間的玄機。

以「反」字論，舉如物極必反、樂極生悲、否極泰來、要得須先捨、要發勁必須先能接勁，在在說明自然之道理，是從反面著手而得正面的效果。

在「無」字方面，係由無生萬有，由無為而達到無所不為的境界。無為可放下心中之雜念、拙勁、動作招式；不露形相，對方無法測度我人之實力，找不到發勁的把柄。在無為（不形於外的功夫訓練與學習）的歲月中，涵養了深藏不露的內在修為，造詣日增。因此，太極拳不必在派別上強調，招式上著墨。

1－14 房屋的建築

任何房子的建築都是從打地基開始，地基穩固後，才能一層一層往上聳立，待架構堅實才進行內外裝璜，完成美麗壯觀的建築物；太極拳與房屋建築是一樣的，要先築基。基礎越好，功夫越高，且能展現整套拳的味道。

惟太極拳的修行，若落在手上、招式上的研究，類似於外家拳的練法，卻口口聲聲說是太極拳，反不知「太極」拳為何物！祇能說是扛著太極拳名義的運動者。

太極拳是一種「內家拳」，她與外家拳截然有別，若是祇在手上、招式上著眼，就顯不出高品味、高內涵的特質。

1－15　植物的生長

花草樹木皆由種子先在「地表下」，接受陽光、水、養分的滋潤，然後發芽滋長，以至開花、結果、成巨木。都是由下向上成長的，甚至還要有根鬚，才能不斷獲得補給，以供應樹幹、樹枝、葉花的需要。就像房子地基牢固，方可承載上面的重量，是同一道理。

根、地基是萬物的根本。人的根在腳「係以拳而論，若以宗教而論則為　『心』」，太極拳是腳下功夫，不是手上功夫，走的是宇宙萬象的「道」路，合於自然之理，一點都不做作。有了腳下功夫，上面自然就可不動手而能達到「太極不動手、動手非太極」的要求。

1－16　不動手

太極拳理及萬物之理中，明白告訴我們，一切皆為「由下而上」，一個人由腳、而腿、而腰、而手約有近兩公尺之距離，有了空間，就需要時間才能完成約近兩公尺的路徑，由腳底啟動，傳送於手上，勢必有一小段時間。手動、腳動的時間，在學習的歲月裡不會一致，也不能一致，不可能手腳一起動，所以拳經上才有「節節貫串」的說法及提示，手腳一起動就違反了萬物之理，當然也違反了太極拳之理。

「拳」字是用腕力捲曲手指成拳形，是「手」部的動作，因此提到太極拳，就會有動手用拳的意念，這是人類很自然的本能反應。但是太極拳拳理告訴我們「太極不動手、動手非太極」和「手非手、渾身都是手」兩句有關於手的話。在第一句話中明示我們不可「動」手，手是要隨身動、隨腳動的。在第二句話其境界更深一層，此手字是我人身與人接觸之點，也就是與人接觸之各點都是手，都是感應的區域，都是接勁、發勁之點。

不動手丟掉「拳」，大家一定會疑竇叢生，既然不要拳為何要掛個拳字？為何要練拳架？不練拳架又怎能稱為太極拳？種種問題連串而出。

說實在，練拳架是達到內在修為的階梯。當我人從拳架練習中悟到如何不動手，漸及於不動手情況下產生了「質」的變化、「量」的變化後脫胎換骨的太極拳，才是真正的太極拳，才是可用的太極拳。它是由無練到有，由有練到無的修行。

不動手是要我們養成動腳的習慣，是不用手作手部作為。由內氣牽引、旋動身體，從而帶動手，並順勢延展而成為拳架。是將已勁沉化於腳底後，陰極生陽，節節貫串而上，使腿、腰、手跟著動。有如大樹由根部吸收養分，才有能力補給上面枝葉的成長。或是由腳底將搭手處之外來勁道、力量作同方向旋動抽吸於腳底、則對方無法察覺我方之變化，而臻化是打、打是化之功。看似手在動，其實都是由內動形成外動，符合不動手之理。

不動手不是手不動，是不用手作手部作為，手的動作交給腳，交給身體帶動。不動手容易使手部鬆沉，不致於送力給對方，既可避免頂撞情事，又可增強聽勁、接勁、發勁的能力。不動手氣不易上浮，可達到心與氣相守於丹田的效果。

1－17　蹺蹺板

幾乎每個人都看過或玩過這項遊戲，蹺蹺板是以反作用力的方式，在某一邊施力而將另一邊的人蹺起，或雜技演員由高台上跳落在蹺蹺板蹺起的這邊，而將站在地上那邊蹺蹺板上的表演者，彈向空中演出欲表現的雜技節目。

觀察以上兩種狀況後，我們知道要將對方連根拔起，不必由對方身上著手，僅需從對手的反向（自己）施加作為，即能產生將對方發出去的效果。善用反者道之動的啟示，必有助益。

1－18　地震

人人都體驗過地震的滋味，地震由地下震起，地表之物無不被震撼，搖晃，甚至帶給人類毀滅性的災難，能由地下震撼，威力才驚人。同理，欲將對方發出去，由下發起是最有效的途徑。這個由下發起具有兩層意義：

一為我方發勁的路線是由下而上，從腳底啟

動。

二為發人要由對手的根部發起。

因此，如何才能破壞對手的根部，是我們應該努力的方向，也是值得我們研究的問題。

1－19　陰陽相濟

「陰陽相濟」這句話，對每一個人或接觸過太極拳的人來講，幾乎都能朗朗上口、且是耳熟能詳的字眼，在前面有關於陰陽相濟的敘述已非常多，各位讀者應該都已充分了解，太極拳應該陰陽相濟才對。但是，怎樣的陰陽相濟才是真正的陰陽相濟、合理的陰陽相濟？在太極拳的領域裡，在我看來這是個細膩、嚴肅的問題，也是突破太極拳學習障礙癥結的重點所在。

陰陽在太極圖上是同時存在，並且相連在一起，將其特質套入太極拳中，表示太極拳的「每一個動作」及「每一個時刻」的作為，都應該含有陰陽兩個合而為「一」的特質在裡面，一處有一處太極陰陽的結構才對。即每一舉手投足之間都有陰陽同在、陰陽同出之結構，形成的擠壓膨脹力、互補的能量，有如電光石火般一剎那間完成接勁、發勁效果。

經過檢視驗證後的思維，成為我的思維中心，所以才有前面提到「陰陽並行而不悖」、「既是同時又同空，又能矛盾對立而統一狀況下之動作招式或能量輸送，才是真正的陰陽相濟」、「陰陽兩個合而為一」的說法。

此外陰陽用在太極拳上，除了上述的觀點外，在出陽（發勁）的同時，還必須有陰的作為在進行，就像飛彈、火箭、飛機的飛行，皆為尾部的火焰及渦輪引擎產生的噴氣連續進行一樣，是陰陽同在、陰陽同出的陰陽相濟才是合理的、真正的陰陽相濟。

講到這裡，陰陽相濟的太極拳，已由通俗的認知提到了更高的層次。大家不免要問，要達到這樣的境界可能嗎？練的到？展現的出來？我可以很有信心地告訴各位，從思維上、盤架子上作相當程度的調整，要實現它不難，差不多二、三年的學習時光就可以了。

在理論的探討上共提出了19項從各種角度的觀察、見解、剖析內容，這些內容都是我的太極拳賴以成長、突破的動力基礎，其中尤以有關於太極陰陽的部分，是我投入最多觀察、思索、驗證的部分，所以一開頭就說「太極」為字頭，也是源頭，有如水之源頭，源頭若不清，下游怎能喝到潔淨的水？離開太極二字，怎能入太極之門？

太極拳舉手投足，一招一式祇要離開陰陽二字，就不能稱為太極拳。大至一個動作，小至一個接點，其中都要有陰陽在滾動、在轉換，它是至中至正之理，離此一步，難窺太極拳奧妙。

一路走來歷經幾番的疑惑、幾番的探索、幾番的印證、幾番的沉澱，總算小有心得。想想20多年的太極拳歲月不是每一個人都有，何況20多年的歲月又必然學有所成？如果我的小小心得，能幫助愛好太極拳的學習者，縮短太極拳的學習時間，而有助益，則為我心所願，因此，將心得公開提供給大家做為參考。

第二章

部分人對太極陰陽的思維與我對太極陰陽的思維之比較

觀察部分人們在太極拳領域中表現方式，及我個人在太極拳學習實作中驗證到的、觀察人間萬象現象中發現到的、從太極圖中思索到的、從文句中推敲到的，經調整後的太極拳與部分人在太極拳的認知上，大致可分為兩大部分予以比較。

2－1 太極陰陽的部分

壹、部分人的思維：

（1）太極圖是一個平面圓，也可以是一個球體圓。

（2）陰陽是對稱、對立、對等的。

（3）是陰中有陽，陽中有陰，陰陽互為其根，陰陽互孕。

（4）事物的陰陽變化是S形的曲線。

（5）S形的曲線，象徵著陰陽變化，皆從其反向而動。

（6）是陰陽消長，陰消陽長，陽消陰長。

（7）處於圓心，為左陰右陽、左陽右陰的變化。

貳、我的思維：

（1）並非一定是一個圓形，除了圓形之外可以是無數的形：

①可為直線（如⇄、⇂↾、←→、→←）

②可為曲線（如⭯⭮、⭮⭯）

③可為螺旋線（如、、、）

④下為漩渦（、）

上為龍捲風（、）

（2）是陰陽相生相長，不是陰陽消長。

（3）陰陽為同體存在，陰陽在同一空間下，陰中有陽，陽中有陰。

（4）沒有圓心，陰陽兩條魚，有如互動的齒輪，衹要一邊動必帶動另一邊跟著動。

2－2　兩種思維運用在太極拳中的比較

壹、部分人的思維：

（1）動作走圓形（其實有太多直來直往的動作）。

（2）因「對稱、對立、對等」是分立狀態之看法，所以才有雙腳須「分清虛實」，而有虛腳，實腳之分，不可雙重之說。

（3）雖然有「陰中有陽，陽中有陰」之文字敘述，卻難有動作可以表現及說明。

（4）事物的陰陽變化是S形的曲線，衹停止於文字敘述，沒有適當的動作可以表現及說明。

(5) 因「陰陽消長」的關係，在接戰時左陰則右陽、右陰則左陽，即拳論所謂之「左重則左虛，右重則右杳」，有陰有陽之「陰陽相濟」，是一分為二，兩動的陰陽相濟，而為同一時間不同空間的「同時不同空」作為。在這種主張及作為之下，其中顯現的弊病為：

① 「左重則左虛，右重則右杳」之作為時，左虛或右杳為「陰」起之時，並非陰之最小。接著右陽或左陽出，陰陽皆走向最大，所以不是陰消陽長，而是陰陽相生相長。

② 因有左右之關係，產生了空間的問題，有空間就產生時間問題，使動作時間遲緩。

(6) 不論是身體為圓心或腰為圓心，從而形成左陰右陽或左陽右陰作為，嚴格說來都祇能稱為圓形拳，與太極拳不能相提並論。

貳、我的思維：

（1）形為多元化。

（2）沒有圓心，陰陽兩條魚有如互動的齒輪，陰魚動陽魚必跟著動，陽魚動陰魚也必跟著動，陰陽兩條魚動在接點之內，每一個動作中皆包含陰陽兩動在一起，是二而一，即拳論所謂「一處有一處虛實，處處總此一虛實」之作為，因此：

①「陰中有陽，陽中有陰」很清楚地表現出來。

②不須左右手、左右腰對換，動作時間縮短，破敵時間加快。

③各接點（搭點）可單獨接勁發勁，各接點都是一個太極，同一時刻有無數接點即有無數太極，因此接戰時是以多數太極面對對方的單一太極或單陽，如

圖例：

（圖1）

※四個接點（搭點），就有四個太極。每個接點可以個別發勁，也可以同時發勁。

（圖2）

※三個搭點（接點），就有三個發勁點。每個搭點可以個別發勁，也可以同時發勁。

第三章

實務研修途徑

太極拳的了解、學習，有別於自小到大所學到、看到、經歷過的經驗法則。要依循老子：「反者道之動……」的啟示、慎思、明辨，由反向領域討消息。

3－1 「由下而上」及「由內而外」

手的部分在理論探討的「不動手」中已有相當詳盡的敘述，在這裡暫時略過。

接著是身軀，身軀以腰為中心，腰居身軀中央，是人們動作習慣的動點，所以有「腰為主宰」、「腰為纛」的說法。不過人們常不經意的動腰，造成左凸右凹或左凹右凸的現象，身軀結構僵於腰部，因此若為以腰帶動手腳，主宰在腰的理念，反而抓不到重點。在不動到腰的運作方式下，才有實現「腰為主宰」的可能。

再下來為胯以下的部分，這部分牽涉範圍較廣，計有胯、膝、腿、腳等，逐項說明如下。

『**胯**』是化解來勁力道的重要管道，唯不可「坐胯」、「送胯」，否則就「垮」啦！因坐胯會使身形向下壓疊，使回應回來的時間加長，同時容易發生上下勁道從胯部折斷的可能。送胯有使身形前送前傾，而有被對方帶出去的危機。惟「落胯」為宜！此落胯作為是以內沉外不沉的鬆化，內斂或旋化方式吸納來勁力道，內動外不動的狀態達成接發勁效果。

『**膝**』在拳經、拳論及一般太極拳書籍中，鮮少提及這一字眼，因此注意者也少。在我的經驗中，此部分是很多學習者無法鬆化的瓶頸之一。膝在接勁、發勁時，彷如四肢無力快癱瘓似的狀態（保持隨時可以蹲下的鬆柔度，不使大腿正面肌肉緊繃、膝蓋僵死的感覺），將來勁力道、自我的重力送入腳底。

『**腿**』透過鬆化、接勁的學習與體會，腿中央一條無形的管道漸漸養成，可將上方來勁（接勁），下方來勁（發勁、接地之力）源源傳送。

『**腳**』的腳趾、腳掌、腳掌緣全部放鬆，全身由上節節鬆化到腳底，鬆沉入地表下與地表下的大地相感應，腰不再是支點，支點移到了腳底，腳掌以下之施力臂（力學槓桿道理）會隨著歲月加深、加厚（盤根錯節的根）。因此而產生的接地之力，必然大於人體的勁力。

以上這種由手到腳的敘述方式，是大家較能接受的認知方式。若從腳談起，大家就難免不易接受。會想到打拳怎能不用手？有手而不用，雙手萬能有何意義？

但教法上、學習上、用法上卻不是前述「由上而下」的順序，須依「由下而上」的道理，由下練起、由下鬆化、由下接勁、由下發勁。太極拳理中明明白白地告訴我們「由腳、而腿、而腰、而形乎手指」由下而上的進行。甚至於台語諺語中也有「樹頭顧乎穩，不驚樹尾吹風颱」的說法，可見下盤的價值性、功能性及重要性。

動作伊始，以意將全身重力落入實腳底，與大地相感應，以此感應啟動，向虛腳方向以螺旋方式準備移出，此際身體其他部分都不要動，當腳底能量蓄積漸多，不得不放出時，才開始移向虛腳（剛開始練習時暫以虛實腳稱呼，當功夫層次漸高，各腳皆可自為陰陽運作的能力之後，則宜以前後腳稱呼），虛腳則隨傳送勁道之多少，以螺旋方式作相對百分比之旋動接引於腳底，待虛腳漸成實腳而與大地相感應趨於明顯，這時才由新的實腳帶動手部之動作形成拳架。

以時間分，腳約比手先動二分之一時間，而不是腳到手到。若為腳到手到，其結果是原虛腳無運作的情形，而成為新的實腳時裡面是空的，腳下無根，勁僵手上，聽勁遲鈍，接發勁能力減弱，成為對手的把柄，只有挨打的份。

每人心氣相守於丹田之能力及內勁修為深淺不同，表現於拳架上的神韻、手勢高低各有不同，因此不必強行學到跟老師的拳架、影片中示範動作、或書本上圖片中之拳架一樣，一樣是毫無意義的。要依各人最合適狀況去體會、練習，自我修行，才會有收穫。

天地道理為理氣象，功夫層次為形法功，境界有淺有深。淺者著相（象）露形，屬動態的，動手動腳容易看到、容易教導、容易學習。深者探理煉功，屬靜態的，探討天地之理、太極之理、太極拳之理，是思維的領域，由內而外地進行，這個層級不容易教導、也不容易學習。

3－2　腳部練習三部曲

當理論基礎奠定，思維釐清後，接下來是達到陰陽相濟境界的學習步驟。太極拳為陰陽相濟之理，是「二而一」組合的陰陽相濟，不是「一而二」分立的陰陽相濟。同時事物的陰陽變化是S形曲線的道理。太極拳的學習要從陰陽互動及S形曲線的變化上著手。

在拳論有「由腳、而腿、而腰、而形乎手指」的說法，在教法上、學習上、用法上，由下而上的道理，及理論探討提到「身隨步換」的理由，動作學習的起點應由「腳」開始，將S形的曲線走法，及相對應的作為表現出來。

壹、傳統「熊經」

虛實分明，一腳純陰一腳純陽，左右腳分立的陰陽

(1) 文字說明

其運作方式為平行腳站立，雙腳寬度可為內肩寬也可為外肩寬。雙手斜盪在身前大約為兩肩寬，與身體約成30度角，微抱一個

球的形態。

重心先落在某一實腳，再由實腳啟動將身體推移至另一腳，使此一虛腳漸成為實腳，而原實腳使成為虛腳，接著由新的實腳旋轉整個身體向左旋（新的實腳在左腳則左旋轉）或向右旋（新的實腳在右腳則右旋轉）到腰部轉到不能再轉的角度為止，然後由腳底將身體推移往虛腳方向，使虛腳漸成為實腳，接著在實腳上做旋轉動作。

雙手隨身體的移動而移動，隨身體的旋轉而旋轉。身體在移位的過程中不要有高低起伏的現象，高度與重心落在某一實腳將要啟動身體移位時的高度一樣。移位到新實腳的過程中吸氣，旋轉新實腳時吐氣。

如此循環交替地練習，左腳一次右腳一次合算一次，若要學習此法，初習者練十次或二十次就夠了，否則腳會受不了。經過練習後腳腿的承受力增加，或酸楚感覺越來越少之後，次數則可自行增加。

(1) 圖示說明

其走向為（左腳）●——→○（右腳），使原左實腳成為○（0%），而右虛腳成為●（100%），接著走向為（左腳）○←——●（右腳），左虛腳再度成為●（100%）。當重心在右實腳時由右實腳帶動整個身體向右旋，當重心在左實腳時由左實腳帶動整個身體向左旋，如此週而復始地交換練習。

此種練習方式，雙腳虛實分明，零與一百之分，難以實現陰陽相濟的效果，時下的太極拳多是這種運作方式。這種直來直往的腳部「運」、「動」方式是人們最本能，最直接的運動方式，然而因「直有窮」的關係，在盤架子或接戰時，在雙腳定步的範圍內，進或退的空間距離有限下，多數人幾乎無法承受外來強大或連續的勁力。又因為無法承受強大或連續的勁力，卻又怕輸的關係，祇好對撐、對抗，而形成鬥牛現象的推手比賽，比比皆是。

為陰陽各半的太極。

(1) 文字說明

站姿與上述熊經站法相同（見圖3），實腳（左腳）啟動將身體推移向兩腳寬度的一半，而在走向兩腳寬度的一半時係由實腳帶動身軀以半弧形方式向右斜前方以方式旋動（見圖4、圖5），身軀的旋動隨腳的旋動方向等速旋動，另一虛腳（右腳）包含身軀，則隨實腳的運行，而為逆向同速度、同比例地跟著以旋動。這時雙腳的形態有如雙胯漸漸形成擠壓的感覺。（見圖6）

接著以右腳為主動，向右腳以方式旋動，身軀及左腳則隨右腳的旋動，順勢也以的旋動方式，旋向右腳將勁力旋卸於右腳底。（見圖7、圖8）

以上動作為由左而右的∽形練習方式。以下為由右而左的∾形練習方式。

先由右腳（實腳）以方式向左斜方旋出（見圖9、圖10），左腳則隨實腳的運行，一樣以逆向同速度、同比例地跟著以

方式向右斜後方旋轉，右腳的旋轉移位也要不可超過兩腳寬度的一半，形成有如的形態。（見圖11）

然後再由左腳主動以方式，向左腳方向旋進，身軀則隨左腳的旋動，順勢也以的旋動方式旋向左腳將勁力旋卸於左腳底。（見圖12、圖13）

如此反覆練習，先為由左而右的∽形動作練習，後為由右而左的∾形動作練習，左右相互練習，組合在一起成為∞字型的運行軌跡。

（2）圖示說明

（圖3）

※先為由左而右的∽形動作練習，依序排列如下：

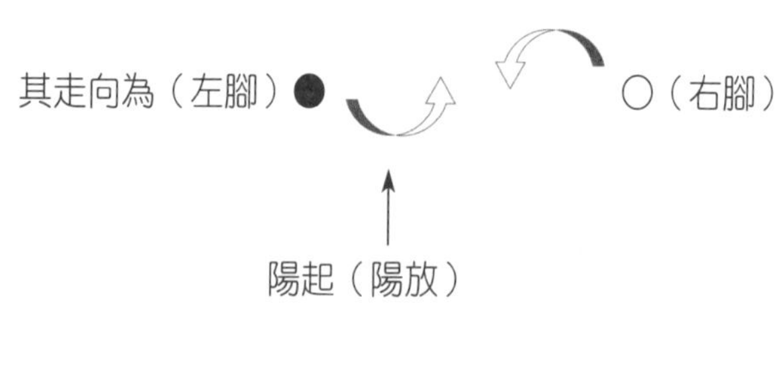

（圖4）

身軀漸漸移至中間時，雙膝、尾閭的關係位置如下：

（圖5）

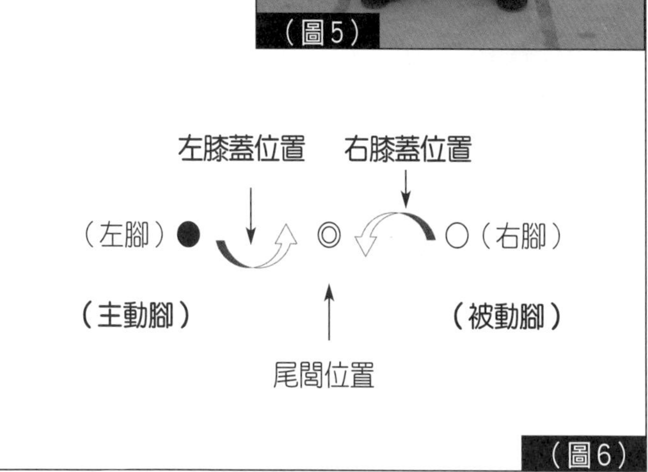

（圖6）

接著身軀移向右腳時其流程為：

右腳主動將身軀旋移至右腳，重力落實於右腳底（陰收）

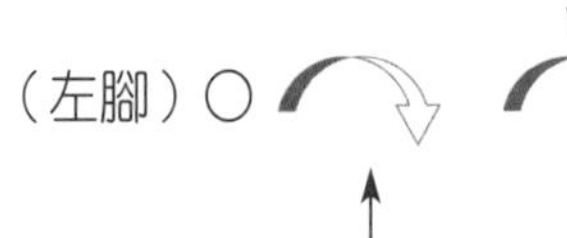

左腳隨右腳的旋動移位，放開原來的旋勁以旋轉移向右腳，順勢將勁力旋卸於右腳底。

（圖7）

（圖8）

※以上為由左而右的練習過程，因無法表現現場實際狀況（實際狀況為背向讀者），因此書上照片方向與圖示方向為相反方向（請注意左腳或右腳）。以下由右而左的∾形動作練習，情形相同。

※由右而左的∾形動作練習，依序排列如下：

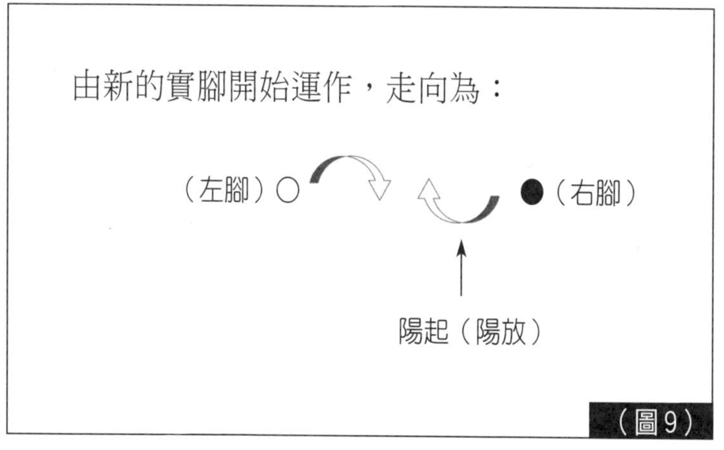

（圖9）

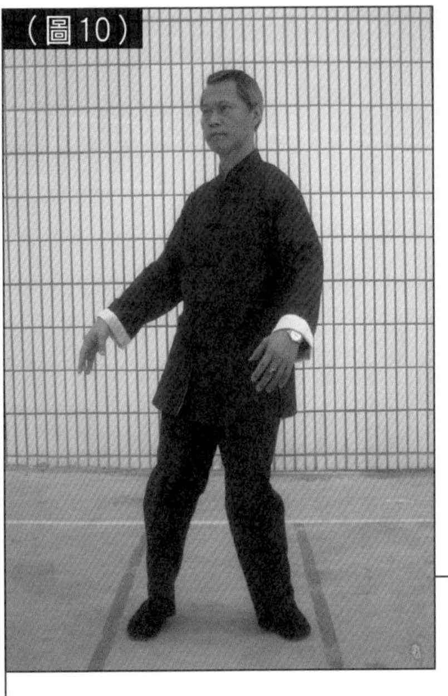
（圖10）

身軀漸漸移至中間時，雙膝、尾閭的關係位置如下：

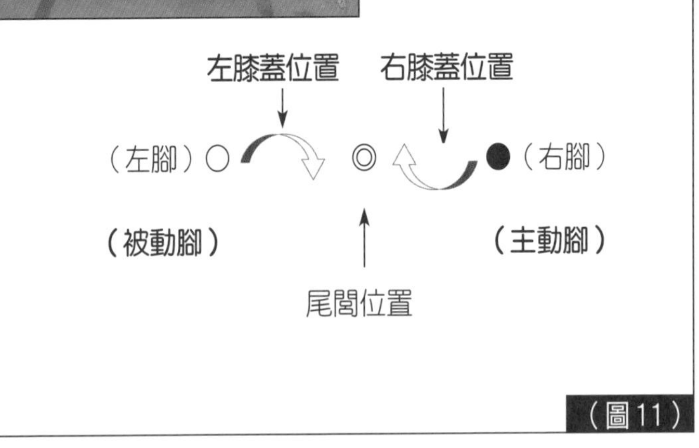

（圖11）

（圖12）

接著身軀移向左腳時其流程為：

左腳主動將身軀旋移至左腳，重力落實於左腳底（陰收）

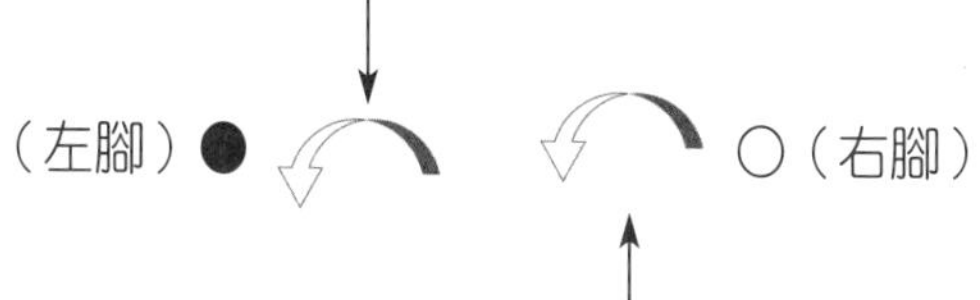

右腳隨左腳的旋動移位，放開原來的旋勁以旋轉移向左腳，順勢將勁力旋卸於左腳底。

（圖13）

如此週而復始地練習，循環運行而成為∞字型之運行。

除了上述走向之外，S形的曲線象徵著陰陽變化，皆從其反向而動的關係。在起動∽時，若為由左而右移位，其前半◡↗形不可以直線前進，係微弧先回來才轉出去，有如寫毛筆字的「一」字，是先向左下筆然後才向右邊拉。接著後半◠↘形到定位時也不可直衝出去，要將勁力回收到腳底，有如毛筆字的「一」字，最後將頓筆時筆鋒要向左拉回來。

此乃拳經、拳論中所謂的「……如意要向上，即寓下意，若將物掀起，而加以挫之之力，斯其根自斷，乃壞之速而無疑……」，以及老子道德經所謂的「反者道之動……」之寫照。此S形曲線的運行方法，功效極高，宜多練習多體驗。

所以作這種方式的調整，一者是配合事物的陰陽變化是S形曲線的說法。二者是經驗證後知道既可消除前述直來直往情況下有限空間的問題，又可以圓弧方式化解來勁力道，破解對方的勁向及身體結構。三者是圓無窮，長久練習之後可培養出雙腳相互呼應的能力，產生陰陽相濟的效果。

此種練習方式，可用在左右平行腳或前後弓箭步之狀態，且能產生互補能量。

參、陰陽互動之陰陽相濟

陰陽相互交感的作為，雙腳同時相互運作，形成擠壓的膨脹力（能量），其練習流程為：

(1) 能量遞加在左右腳（或前後腳）間相互流動傳遞，其圖示如下：

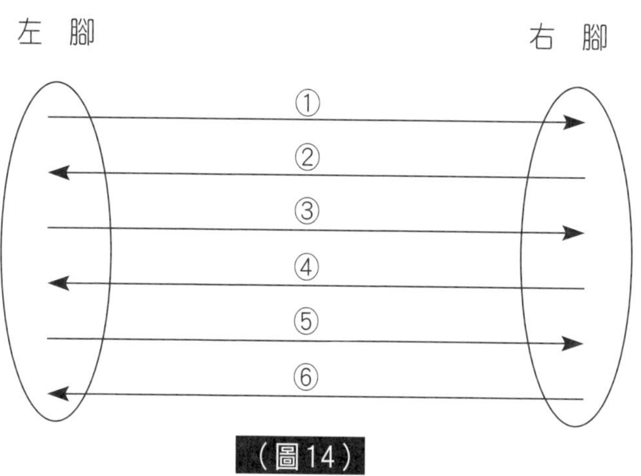

（圖14）

能量遞加，在於意識的引導，例如①出20斤勁力，②回30斤勁力，③出40斤勁力，④回50斤勁力，⑤出60斤勁力，⑥回70斤勁力。此勁力的流轉不是雙腳相互移位形成的，是用雙腳底板相互彈射感應形成的。練習日久後一樣可培養出雙腳相互呼應的能力，產生陰陽相濟的效果。

雙腳的內在能量可以相互流轉，形成陰陽魚的互動效果。在自我練習時勁力大小由自我意識設定，在實戰時則依對方來勁力道之大小相對感應而流轉。

（2）雙腳皆爲陰陽腳之運作方式

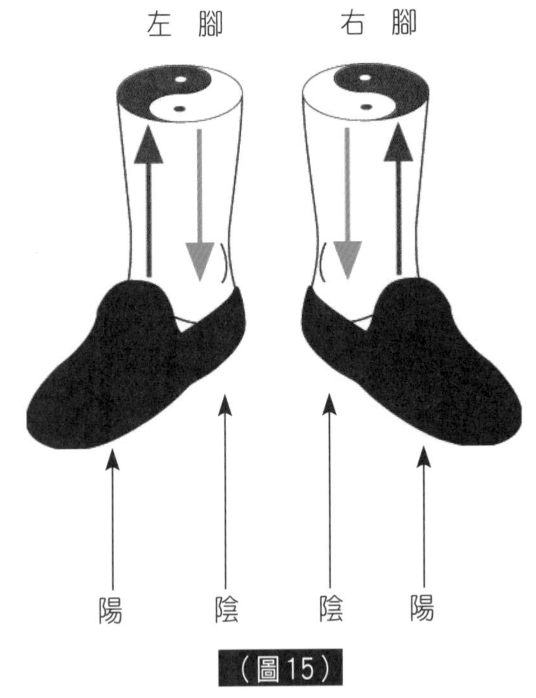

（圖15）

雙腳輕鬆站不踩實，自己的體重，對方的來勁力道，皆接引入腳底，與大地相感應，引地力反應回來。或者說是將對方的來勁力道，以陰接方式蓄積於腳底，然後轉為可用的陽能。

(3) 雙腳無所謂陰陽，採相對應運作練習，圖示如下：

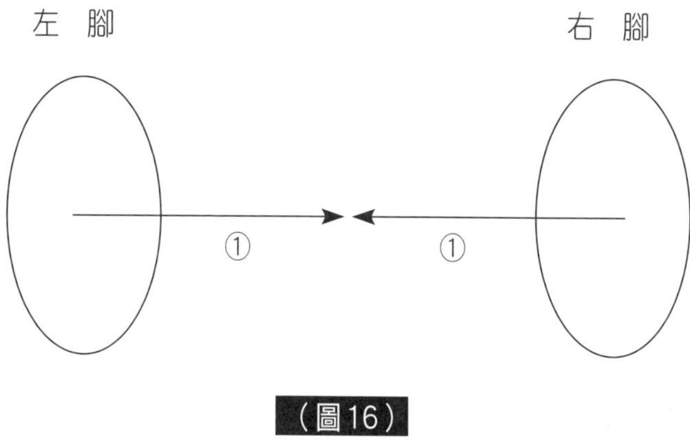

(圖16)

當以上雙腳可以相互流轉，以及雙腳可以自為陰陽的基礎建立起來，能力增強之後，即能展現陰陽統合為一，相互呼應的效能，則勁道足時間短。

3－3　身體部分

壹、移　位

由於身體應隨腳步移動的道理，當我們在盤架子的時候，腳未動身體絕不可先動，更不可用腰帶動身體，一切動能皆由腳底傳遞，就好比戰車是由履帶滾動，帶著車身、砲塔前進，不可能車身、砲塔先動，接著才有履帶滾動而能前進的。也就是要到那裡作戰，都要由履帶滾動或移步才能到達，是同一道理。

至於砲塔的旋轉，卻與人們用腰的旋轉的結構不一樣，人們用腰旋動將使勁斷於腰，勁之傳送阻滯於腰際，反而影響了接勁、發勁的效果（除非旋轉時未偏離傳動軸的原空間位置）。戰車砲塔的旋轉是在一個圓盤的軌道上轉動方向而已，並沒改變車身結構。

當腳底功夫經過上述各種的方式訓練之後，具備了有如戰車履帶可以承載、可以移動的能力，腳以上的身體部分隨腳動，隨腳發。其能耐勝於以腰為主的作為方式。

同時在移位的時候，不宜直接往前或直接往後出去，宜先由腳底向地下穿旋，產生了向上的反作用力後才開始移動，還須有前後腳相互對抗擠壓互動的運作方式在裡面，這樣才有功效。

※移位運行的方式請參考以下圖例：

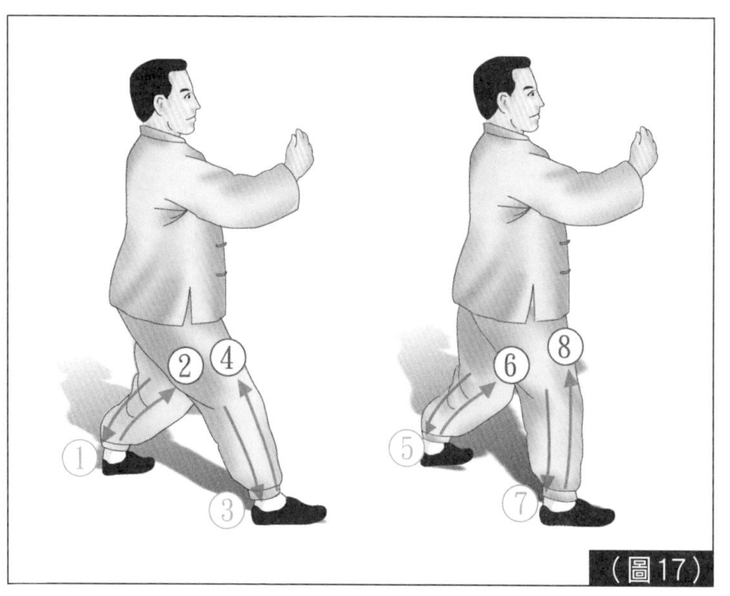

（圖17）

以上二圖表示由左而右地移位時，先由左圖的左後腳①向下穿或旋而產生 ②的反作用力，反作用力穿或旋到右前腳的③，由③產生④的反作用力穿或旋到左後腳⑤，由⑤推移身體向前移出的⑥，移出後勁力穿或旋到右前腳的⑦，由⑦產生⑧的反作用力，如此循序漸進地移到定位為止。

若為由右而左地移位，其運作方式完全相同，方向相反而已。同時運行的次數、數字因自我練習或接戰的狀況而有不同。通常自我練習時次數可多一些，可細細體會其中滋味。接戰時次數則縮到最短，甚至不移位僅在內部運作即可。

貳、盤架子

在以腳為動力的基礎下，身體移位由腳底運行，腳到那裡身體跟到那裡。手部的動作則隨身體的運動而運動，如腳旋到右邊則身體跟著轉到右邊之際，手部也跟著轉到右邊。這種狀態有如手上拿著一隻折斷的樹枝，用手指捏在樹枝折斷處加以旋轉，則此樹枝本身和樹枝上的細枝及葉片皆跟著同方向旋轉一樣。

腳如樹根、身體如樹幹、手臂如樹枝、手指如樹葉，腳底吸收地力及已蓄積的外勁、己力，傳送到手部作為發勁之用。再者手部會隨著身體的上下曲伸、左右旋轉、體內勁力傳輸的不同，而有順勢延展而成的手勢或招式，手部的作為有如旋動樹枝時細枝及葉片，在未靜止之前的些微擺盪現象，而有了形式、角度的變動，並非有如殭屍般僵硬。

第四章

拳　架

拳架是學習太極拳的入門磚，也是學得太極拳功夫的必然過程。有的人把拳架中的各種招式，做為見招拆招的法寶。有的人則把它做為學得太極拳功夫的階梯，在拳架的學習歲月裡漸漸練出每一舉手投足間皆能陰陽相濟蘊含其中，而達到無招、無式、無形、無相的效果，拳架的練習從無練到有，再從有練到無。隱含為人體本能的反應，那裡接那裡發，而為隨心所欲地運用。

以上兩種思維及展現方式中，前者見招拆招，內外家各門各派的招式不勝其數，千招萬式了解的完？學的完？拆的完？在接手的一剎那間來得及反應？事實上是相當的不容易！後者無招、無式、無形、無相的方式，以不變應萬變地隨對方的招式、勁道、方向從搭點處反應，以「點」作戰，而不以「招式」作戰，則時間短、勁道強，是為最上策。

後者不過幾句話而已，說起來容易，要達此境界卻是談何容易？惟事在人為，當思維重新整理而能重新出發之後，您將陸陸續續發現其中的功效、奧妙，趣味與日俱增。

4－1　拳架的運行

太極拳門派極多，計有陳式、楊式、武式、吳式、孫式、郝式、鄭子等太極拳門派。招式分別有108式、64式、48式、37式、24式等，招式名稱各有不同，有的名稱不同招式卻相同，例如「倒攆猴←→倒捲肱」，有的名稱不同招式也不相同。

不過招式名稱不勝其數，不是本書的重點，不在此一一列舉。僅以在推手比賽時各家各派共有的掤、攦、擠、按之拳架運行為例，介紹於下：

壹、掤

以右掤為例，重心落於後腳底，後腳成45度角，腳尖斜向左前方。右腳與肩寬，腳尖正向前方，放在右前方。前後腳間距約為一個拳頭到兩個拳頭的距離。（見圖18、19）

開始啟動時，自身勁力先向左腳底以逆時鐘方向向右旋，走S形的路線，將已勁沉化於腳底，待腳底能量越蓄越多，陰極生陽產生反作用力，節節貫串而上時，由左腳底以方式旋轉推動左腳使向兩腳中間移位（見圖18、圖19、圖20），同時右腳順左腳的旋轉而成的旋轉，趨向兩腳中間旋轉，此時左腳為主動、右腳為被動，身體則隨雙腳的旋動而動（身隨步動），形成面向左斜方的方位，使成為的互動旋轉狀態。

接著右腳為主動將右腳及身體以的旋動旋移至右腳，左腳也跟著右腳的旋動而旋動，重力被右腳帶到右腳，身體跟著移位（身體此時不轉向）到右腳上，全身重心垂直落於右腳底。右腳底順此旋勢繼續旋動，與身體轉為正向的同時，由腳底的旋轉節節貫串而上的勁道使雙手旋起，左手臂與右手臂同步旋轉，手臂成為掤手，左手臂成為似擠手的左手，雙手手心呼應。（見圖21）

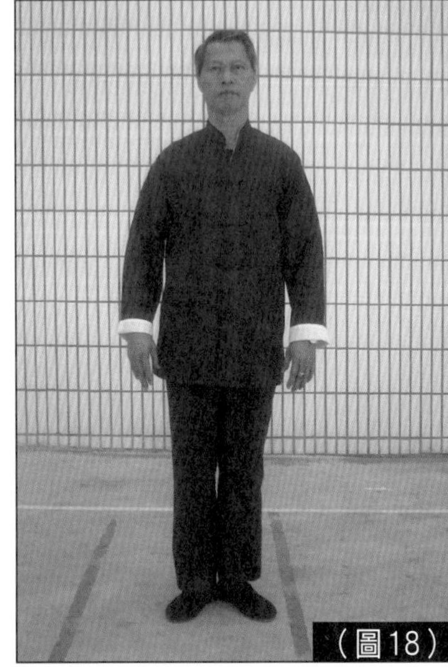
（圖18）

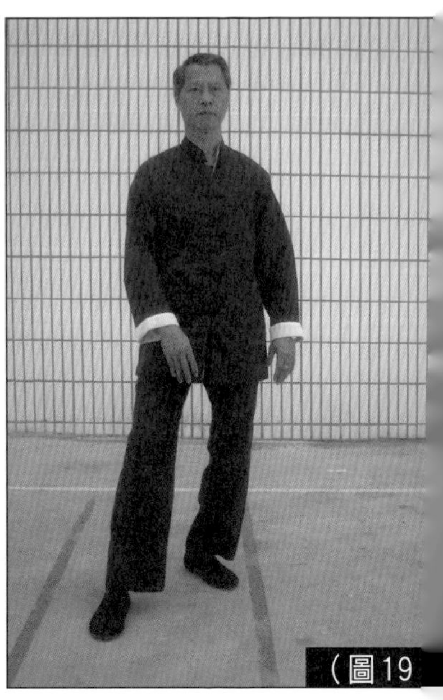
（圖19

（圖20）

（圖2

貳、攦（捋）

承上式，以S形的路線，由右腳底以的方式，先向左後方推移旋轉，左腳順勢由左向右旋上去，雙腳成的對應旋轉狀態，使尾閭到達兩腳的中間位置，身體面向為右斜方的方位。（見圖22）

接著左腳為主動，右腳為被動，向左後腳以方式旋動，身體順勢移位到左腳的垂直線上（見圖23），並放鬆右前腳，使身體重力及右前腳的力量蓄積在左腳底。

講到這裡我們可以很清楚地看到，掤手時的S形的走勢及攦手時的S形的走勢，組合在一起構成8字形的結構。

再接著以左腳為軸心，以逆時針方向將勁力旋向腳底，引地力或反作用力透過腳底節節貫串而上，即「由腳、而腿、而腰、而形乎手指」之意。在引地力或反作用力回應回來之際，身體順勢左旋，雙手則隨身體的左旋旋向左斜方，雙手的位置以腳旋停止的時刻為其走勢停止的時間與空間，且帶有一點餘勢，而成為攦式。（見圖24）

（圖22）

（圖23

（圖24）

參、擠

承上式，以左腳為軸心，將己勁沉化於腳底，向左腳底以順時鐘方向右旋走S形的路線，待腳底能量越蓄越多，陰極生陽產生反作用力，節節貫串而上時，由左腳底繼續以方式旋轉推動左腳使向兩腳中間移位，同時右腳順左腳的旋轉而成的旋轉，趨向兩腳中間旋轉，左腳為主動、右腿為被動，身體隨雙腳的旋動而動，形成面向左斜方的方位。（見圖25）

接著右腳為主動將右腳以的旋動旋移至右腳，左腳也跟著右腳的旋動而旋動，重力被右腳帶到右腳，身體跟著移位到右腳上，全身重心垂直落於右腳底，右腳底順此旋勢繼續向腳底旋動。

與身體轉向右方的同時，由腳底旋轉節節貫串而上的勁道，使雙手臂同步旋轉旋向右方，並由夾脊旋動而來的勁力，使左手臂手肘以方式旋轉下沉形成手掌上仰（手背朝自己）姿勢，右手臂也由夾脊旋動而來的勁力使右手臂手肘以旋轉下沉形成手掌上仰（手心朝自己）姿勢，雙手手心相貼，右手臂在前左手臂在後，雙手於胸前微抱圓形，左手掌心（勞宮）貼在右手掌拇指下端肌肉

（魚際）部位，成為擠式。（見圖26）

（圖25）

（圖26）

肆、按

承上式，以S形的路線，由右腳底以↻的方式，先向左方旋轉，並向右後方推移，左腳順勢由左向右旋↷上去，雙腳成⟳的對應狀態，使尾閭到達兩腳的中間位置，身體面向為右斜方的方位。（見圖27）

接著左腳為主動，右腳為被動，向左後腳以↶方式旋動，身體順勢移位到左腳的垂直線上（見圖28）。

（圖27）

（圖28）

並放鬆右前腳，使身體重力及右前腳的力量蓄積在左腳底。再以左腳為軸心垂直旋轉，由下而上形成的能量，使雙手向兩邊分開，雙手手肘下沉、手掌微揚、手心朝外，雙手與肩寬似平行線地懸於胸前。

再接著以左腳為軸心，以逆時針方向↶將勁力旋入腳底，引地力節節貫串而上，右腳為主動將右腳及身體以↶↷的旋動旋移至右腳上，左腳也跟著右腳的旋動而旋動，重力被右腳帶到右腳，身體跟著移位到右腳上，全身重心垂直落於右腳底。

待全身重心垂直落於右腳底後，右腳底以順時鐘方向右旋動。並將已沉化於腳底的勁力，由腳底節節貫串而上的能量，透過夾脊的旋動，勁向前方透出，是為按式。（見圖29、圖30）

（圖29）

（圖30）

4－2　拳架的檢測

拳架僅以掤、擺、擠、按之運行為例做以上的介紹，其他的拳架運行其理相同，不再以拳架贅述。

至於動腳移位的拳架，例如前提、橫跨、後點、前伸等的動腳動作，為單獨動腳。待腳到定位後，雙腳之間的動作，則恢復S形運行路線。

其次，勁道要講求整體勁，有了整體勁則勁整而強。所以在拳架運行的過程中，儘量不要出現局部的作為，要養成由腳底經由腿、腰、夾脊、手肘、到手掌之間形成一條可以接勁發勁的線，甚至於同一時間多處搭點時，腳底與多處搭點處就形成多條線，這一條線或多條線從外表不容易看得見，惟從接手的那一剎那就可以檢測的出來。

在拳架的運行中牽涉到的問題非常多，舉如：

①移形換位無停頓、困死之情形，如行雲流水般源源不斷。

②式與式之間，永遠是往復摺疊，不使有停頓之剎那。

③式式交代清楚，每式將成定式之際，都須有

內在的滾動、鬆化之作為。

④每式起動之間都先將意念放在腳底，啟動腳底，待與大地相感應，借回旋上升之勢繼續向下旋化。而漸次形成腿部、腰部、手部之旋動，以使內部節節貫串上旋之能量，使腿、腰、手不得不動時，才順勢成為拳架。

⑤手部作為皆由新的實腳腳底、內動旋起形成手勢、架式。手部不可隨原來的實腳帶動。

⑥每一動作不可純陰，也不可純陽，要進退同時、陰陽相互呼應、陰陽相磨相盪地運行。

在上面③中提到「……借回旋上升之勢繼續向下旋化……」，即拳經中「……有上則有下，有前則有後，有左則有右……」，陰陽兩種自身的力量相摩相盪之意，有如火箭飛彈的飛行靠著後方持續噴射的火焰，才有能量供應彈身向前推進的需要，即「陰陽同出、陰陽同在」的道理。因此拳架的運行、接戰中為「先陰後陽」的情況，有如⑥中提到若為純陰，純陽的運作方式，都還不能稱為真正的太極拳。就像外家拳也有純陰純陽，有進有退的動作，卻不屬於太極拳的範圍。太極拳的特色在於它是否合於「太極」之理，而不在於拳架的招式名稱、外形及門派。

在⑤中提到「……手部不可隨原來的實腳帶動」的理由，讓我們從「結構分析」上來看，結構分析是很多學術研究中非常重要的課題，舉如建築物的建構涉及到力學、承受力的問題。軍「艦」火砲口徑的大小與艦身大小的比例問題，像五吋砲、八吋砲、十六吋巨砲，就無法出現在小「艇」或小「艦」上的。同理，拳架一樣有結構的問題存在，若為合理的、精密的結構，會使動作順暢，承受力加大，從而放射出來的能量自然也跟著加大。

再以軍事作戰及企業的管理兩個例子套入拳架中分析就很清楚。以軍事作戰來看，重心落實在後腳上為例，在從後腳移位到前腳的過程中，若原實腳為軍事指揮部，下達命令給部隊（例：手）動員出擊，當部隊出發之後，原軍事指揮部卻不存在了（原實腳成為虛腳），因此在前方作戰的部隊失去彈秣糧草的後勤補給，後續無力而無法有效作戰。以企業管理來看，公司派員拓展業務或會議談判，但當員工出勤後公司卻關門倒閉不存在了，試問這些員工還能如何繼續運作？這些分析都是很簡單的道理。

在拳架的運行中若為原實腳推移手部後，成為虛腳的話，則手部無後續的勁力以為支撐，難以承受外力；若在原實腳推移身體及手部到新實腳後，再由新實腳由腳底旋出向上升起的勁力，此時的手部與腳底連成一氣，則勁力強而足，所以我在前面第三章「腳」的部分裡才有「……以時間分，腳約比手先動二分之一時間，而不是腳到手到……」，各位不妨試試比較，在拳架運行中「腳到手到」及「腳約比手先動二分之一時間，交給新的實腳帶動」其中的勁力及承受力的差異程度。

向腳底旋動時要內動外不動地求內在的感覺，使腿、身成為槍管似地讓子彈在槍管內旋轉前進。或使腿、身成為水管似地讓水在水管內流動一樣。

在以腳底向下旋動之際，是以螺旋狀如漩渦般全腳板旋動，全腳板旋動其功效大於以腳底湧泉區域的旋動方式。以全腳板運作的優點為底面積大，可加大旋轉空間，可增強來勁承受力，可增大拳架運行的穩定度，可加寬腳底與手部之間的傳輸管道，可使漩渦加大加深，可使反向旋回來如龍捲風般的旋柱螺旋加寬加大。且能練到漩渦與龍捲風能對應產生（即前述，我們可以將陰陽看作上下相對的兩個方向，左右相對的兩個方向，以 ⇄、⇅、←→、→←的路線同時運作）的層次，其效果可想而知。

初練腳底旋動時要慢慢旋動，有如大樹先由種子初發時細細的根鬚，慢慢地隨著歲月的累積，根鬚越長越粗、越長越深，以致盤根錯節地長成枝葉茂密的大樹，能承受強風大雨，所以拳經中「其根在腳」有其道理。

在以上兩段文句中一者講漩渦與龍捲風，一者講樹根，彷彿沒有關連性，其實這種特質是一體的兩面。向下穿透的作為為樹根，向下旋動的作為為漩渦，都是經由腳底旋動所培養出來的。總之腳底旋動是非常重要的修行途徑。

透過腳底旋動的運作產生腳底按摩效果有促進「健康」的價值，透過腳底旋動的運作習得「功夫」，透過腳底旋動的運作可觀察「自然界的現象」，而將自然界現象的大太極與太極拳的小太極組合在一起。集健身、防身、陰陽相濟之理、觀察人間萬象、文句把玩等能力，調整既有的太極拳學習，一舉數得。誠如平常時間常看到的一句話「萬物靜觀皆自得」，用「眼」看用「心」悟，見微能知著，太極拳的學習要用心靈智慧去悟，不純粹靠苦練得來的。

4－3　拳架的進階

當各招各式的拳架學完，僅類似於產品的「粗胚」而已，要能精美還要琢磨加工才行。拳架的進階以我個人的成長歷程來看，可分別為五個不同的階段。

第一階段：形的學習

學習拳架熟悉招式名稱，熟悉招式的連接，能在自我練習時不會忘記，這是「形」的階段。能力在形的階段，祇適宜運動健身當作「體操」看待。

第二階段：鬆沉與垂直軸旋轉

太極拳顧名思義是拳術也是一種武術，要想進一步學到功夫，則須注意每到一個定式定位時，形成重心的垂直軸是否垂直的很準，重力是落在大腿面上？落在膝蓋上？落在小腿上？落在腳底板上？或是落在腳底板下？這些身體部分的感覺，要逐次地練習調整以能下降到腳底板下為理想。

除了鬆沉的練習之外，還須注意在每一個旋轉的作為時，腿、腰、身體等部分是否歪斜、偏離了原垂直軸的中心線？若有歪斜、偏離現象就會影響接勁及發勁的效果。

第三階段：陰陽互補的訓練

以上兩個階段的拳架運行，其動作還在純陰接、純陰退或純陽發、純陽進的個別運作範圍，離陰陽相濟的境界還有一段距離。

要達到陰陽相濟、陰陽互補的效能，拳架每到一個定式定位，垂直軸上的實腳勁貫腳底時，同時以意念導引，將下旋後產生的反作用回旋上升的勁力，由實腳底彈射給另一腳，使雙腳腳底板產生相互呼應能力（其運作方式見第三章**腳部練習三部曲**中的能量遞加在虛實腳間相互流動傳遞的圖例說明）。同時也要將下旋後產生的反作用回旋上升的勁力，反應在每一個招式的手部動作中。慢慢地脫離「平面」的太極，進入「立體」的太極，達到「整體勁」的呈現。

雙腳腳底板能前後相互呼應，手腳能上下相隨，則陰陽相濟、陰陽互補的效力開始萌芽。

雙腳都能運作，使向來為「虛」的那一腳不再空虛以待，成為具有戰鬥力的腳，至少可增加一倍的生力軍。原來單腳發勁的能量，現在成為雙腳互補的組合能量，有如壓下開關時陰陽極同步接觸產生了能量。

雙腳彷如太極圖的陰陽，陰動時陽跟著動，陽動時陰跟著動，陰陽相生相長、共生共存。

為便於達到雙腳能隨時呼應的效果，在拳架的運行中，有涉及出腳準備轉換下一招式時，儘可能地以全腳板落地為上策，不宜再以腳尖或腳跟點地的方式出腳。

全腳板落地，可練出腳一落地的剎那即可進行雙腳底板相互呼應彈射的能力，還有使架子穩定度加大、勁力增強的好處。較之以腳尖或腳跟點地的出腳，僅是「點」的虛腳，難以施展腳底板向下穿旋引地力使用的效果，待實腳推移使「點」的虛腳成為新的實腳後才有運作能力，可以節省很多時間。

日積月累下來，不僅落地那一剎那可以接戰，在移位過程中也可以接戰，而呈現每一舉手投足都能接戰的能力。

第四階段：處處、隨時可以接勁發勁

當第三階段的練習有了相當基礎後，從預備式開始直到最後一式的動作及過程中，由同好餵勁，試著接受外來來勁力道的測試，處處可以接勁發勁、隨時可以接勁發勁的能力。

如果處處或隨時的接勁發勁效果不佳，就要再從第二、第三階段所敘述的問題中找答案，如此交互演練而漸入佳境。譬如：

①在「掤」式中的掤手是用「手」掤的？還是由腳底旋上來經過腿、腰、夾脊、手肘的勁力使手掤出去的？

②在握式中的握手是用腰背、手握的？或是用腳底旋動來握的？

③在「擠」式中的擠手，是用夾脊、手肘去擠？還是雙手將成擠手定式之際，由腳底旋動反旋回來龍捲風的勁力擠出去？或有如蹺蹺板的運作方式，施力於實腳底而使手部旋蹺擠出的？

④在「按」式中的按手是重心在後腳時手先回收，當重心推移到前腳時雙手推出？或是重心在後腳時，雙手由後腳底旋轉而上的勁力旋開雙手，當重心推移到前腳時雙手才由前腳底旋轉而上的勁力，經由夾脊延展手部勁透而出？多作比較以求精進。

第五階段：從心所欲而不逾矩

走過以上四個從「無到有」的階段後，漸漸地成為人體的本能反應，可隨時接隨時發，到了「有到無」的修為，無所為而後無所不為地從心所欲而不逾矩，進入無招、無式、無形、無相的境界，就有了「內」家拳意境。

第五章

接勁與發勁

當外來勁力到達我人身上時，依來勁力道之大小及對方勁向作同方位的旋動，由接點處將來勁力道接引到腳底下，轉化為我方發勁的能量（化勁），能接的越深、接的越多，則轉化為發勁的能量就越大。

5－1　接勁發勁的時間訓練

因太極圖上陰陽時間均等的關係，「時間」的練習是必要的，即接多少「秒」數，發也要多少「秒」數，例如剛開始接勁的秒速讀數為1！2！3！4！秒，接著發勁的秒速讀數也是1！2！3！4！秒。接勁時是將對方來勁力道越接越多、越蓄越多，其走勢為由上而下，有如上小下大的的圓錐體。發勁時將越蓄越多的能量反發回去，其走勢為由下而上，有如下小上大的圓錐體，見下面圖示。

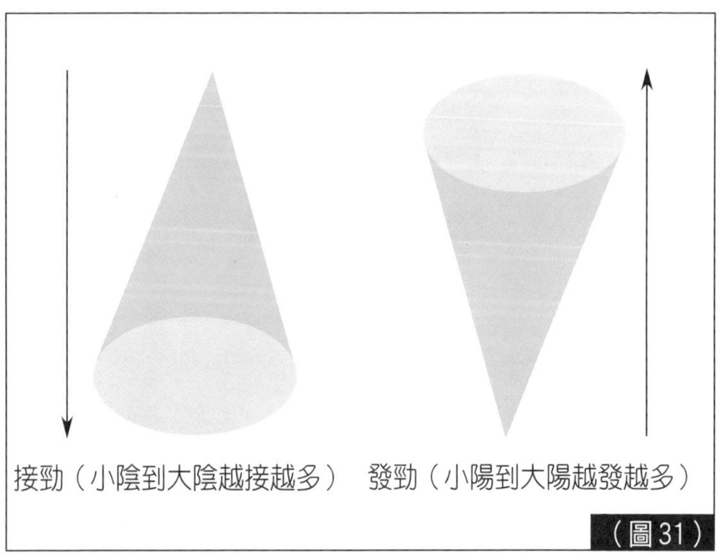

（圖31）

在左上方的接勁過程中以四秒為例，1秒時接的勁道力量最少，到4秒時蓄積的接勁道力量最大（對方不再出勁或對方勁力已被我方接化時）。在右上方的發勁過程中，發勁能量顛倒回去，1秒時發勁能量最少，到4秒時發勁能量達到最大。如此一個接勁發勁共花掉8秒鐘，在實務上還難以應戰的，同時又是先陰後陽的狀態，還不在陰陽相濟合而為一的要求。

要不斷練習體驗，進到接勁發勁時間各為三秒、各為二秒、各為一秒、各為半秒，甚至達到只有0.X秒即完成，每一動作均包含陰陽在裡面，陰陽同在、陰陽同出地緊密結合在一起。每進步（縮短）一秒其接勁發勁的能量要跟前面練習時接勁發勁的能量一樣順暢，則接發同時、陰陽相濟的功夫才算有了火候。

5－2　學習過程中的進階流程

壹、初階：勁路的培養

將來勁透過手臂搭點處或從雙肩、雙夾脊部位，以圓化方式，由背部、臀部、腿部接引於腳底。然後由腳底循原路線發勁回去。訓練出「勁路」的感覺，培養勁路傳輸的速度控制能力。

貳、中階：腳底的接與發

凡所有來勁力道皆由腳底接走，將腳當手看待，搭點無論在手部或身上，先由腳底依來勁力道大小旋接，透過初階養成的勁路如漩渦狀旋化入大地之下，再將陰極生陽反旋上來的龍捲風作為發勁之用。

參、高階：隨接隨發

當中階的能力已成為一種隱含的軌跡，當然存在而能本能反應之後，來勁之接觸點，即是接勁、發勁之點。

接、發、化、打，集於一剎那間完成。

5－3　勁路的圖示（陰陽的軌跡）

勁路的圖示，以近於立體透視的角度予以呈現。在兩人接手的情況下，詮釋的重點偏重於有勁路路線的右邊那一位。

向下走的路線代表陰的路線，向上走的路線代表陽的路線，陰陽順序暫以陰先陽後說明。

壹、氣分陰陽發勁法

※發勁時以意念導引，由丹田氣分陰、陽二氣，陰為向下走的路線，陽為向上走的路線，同時向上向下放射而產生能量。

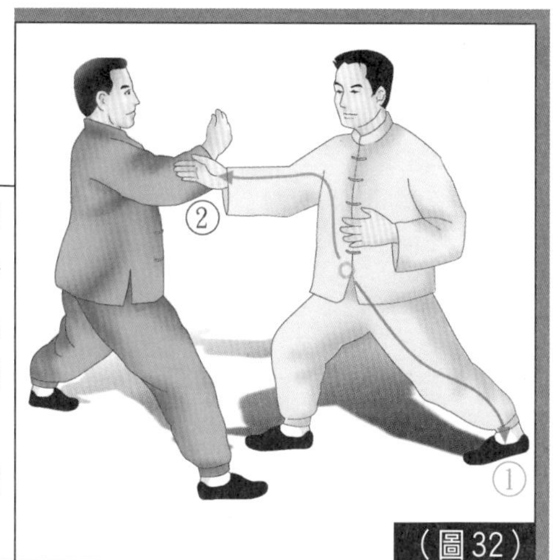

（圖32）

貳、單腳直接直發勁法

※從搭點處將來勁力道從手臂、雙肩、雙夾脊部位，以圓化方式，由背部、臀部、腿部接引於腳底，再由腳底循原路線發勁回去。

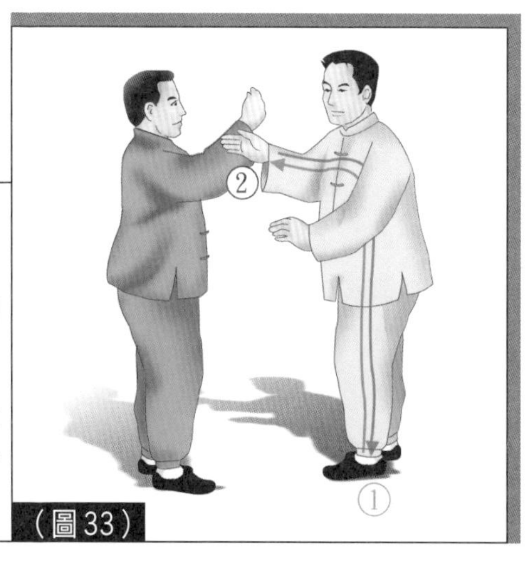

（圖33）

參、單腳旋接捲發勁法

※從搭點處將來勁力道，以旋接（螺旋方式）或漩接（漩渦方式）接引於腳底，再由腳底循原路線捲發回去（如龍捲風）。

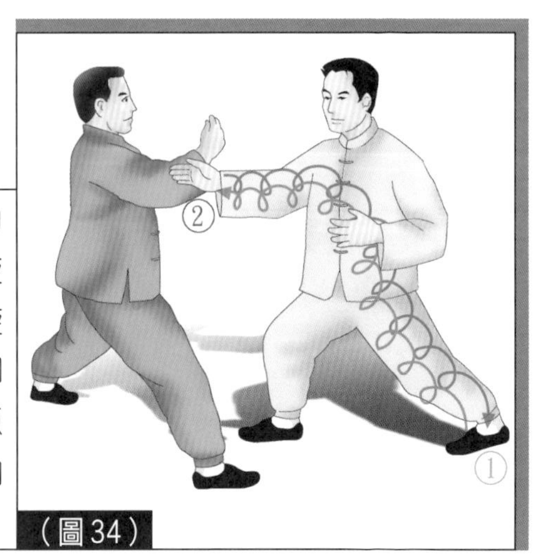

（圖34）

肆、雙腳發勁法

※從搭點處將來勁力道，以旋接（螺旋方式）或漩接（漩渦方式）接引於雙腳底，再由雙腳底循原路線捲發回去。

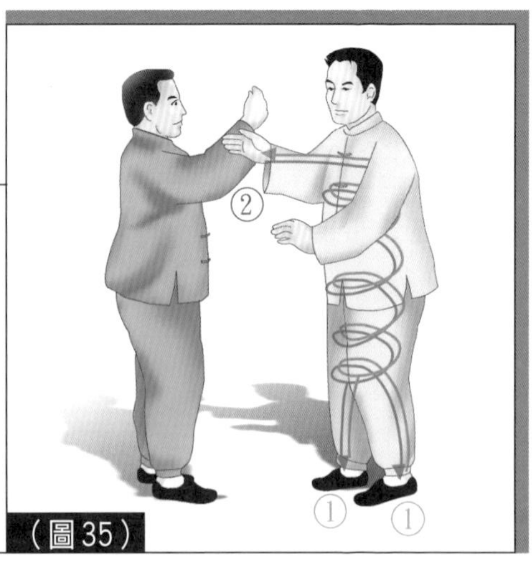

（圖35）

伍、雙腳發勁法

※雙腳可獨立行使陰陽轉換的功能，即「一處有一處虛實，處處總此一虛實」的運作。

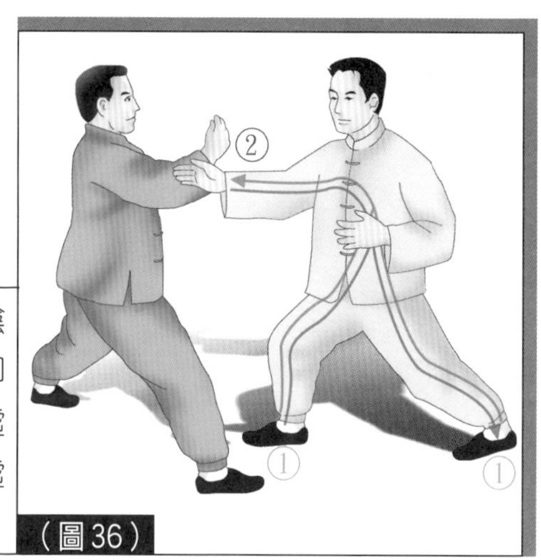

（圖36）

陸、搭點陰陽轉換接發勁法

※從搭點處以陰陽轉換方式，接勁與發勁同時進行。此種接發勁法能量稍差，但速度快，具有第一時間封鎖對方來勁力道，產生有效攔截的效果。

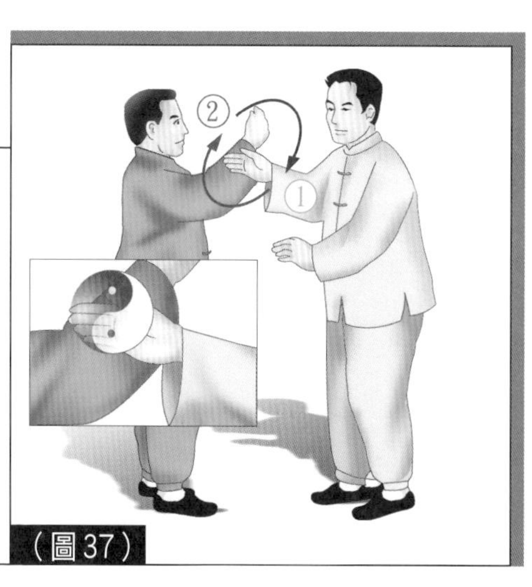

（圖37）

柒、進退同時，陰陽相濟的接發勁法

※將來勁力道通過已練就的勁路，接引於腳底，並使雙腳底同時對射，形成的擠壓膨脹力發勁。

（圖38）

捌、虛領頂勁（頸）法

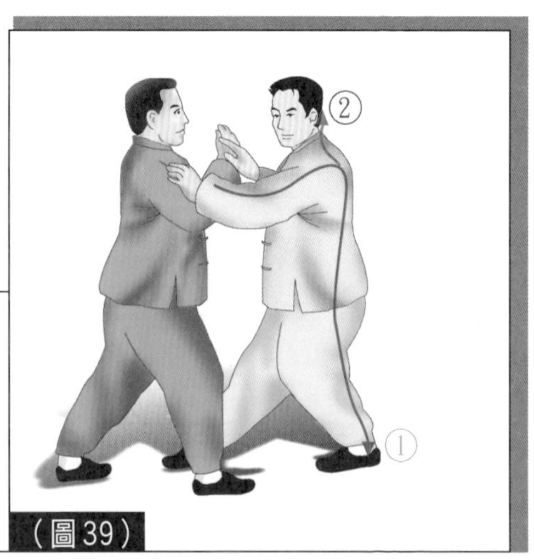

（一）
※第一種方式是將來勁力道由背部微弧接引入腳底之過程中相對產生的。

（圖39）

（二）
※第二種方式是將來勁力道接引於腳底後，待內勁陽放時產生的。

（圖40）

以上除了虛領頂勁法（是為了說明虛領頂頸與整體勁的關連性，及能虛領頂頸後產生神凝勁聚的功能性）外，其他各種接發勁法先試著個別練習，待有心得並熟練後，其運用之妙則存乎一心，隨著當時感應情況隨機反應。

5－4　接勁發勁的實用技巧

壹、接勁

首先要有「聽勁」的能力，聽勁不是用耳朵聽。很多人是透過推手的練習，用手、身體的觸感去聽，從搭點處測度來勁力道的大小、方向、意圖等。講到聽勁就難免涉及理念思維的問題，很多人總是說要能達到「一羽不能加、蠅蟲不能落」，且又能「沾、黏、連、隨」而能「不丟、不頂、不抗」的境界，這種看法有其精神面。

然而在一陣纏磨再伺機發勁的狀況下，已是「先陰後陽」有時間分隔的太極拳，而不是「陰陽相濟」統合為一的太極拳。同時在纏磨的過程中對手的陰陽變化不易掌握，而自己一味地曲伸蠕動也難免暴露自我缺失的可能，給予對手有繼續施勁、發勁的機會。

搭點不進也不退，由搭點以初階的接勁或中階的接勁方式接引入腳底，因勁接於腳底的關係所以已是「不丟、不頂、不抗」的狀態，「不丟」者對手的手仍然在原搭點上、「不頂」、「不抗」者對手的來勁力道已成為我方腳底的蓄勁，在我方未發勁之前，不存在「頂、抗」的問題。這種能力的呈現，其前提是平日裡先要練到對方勁力加在我方身上時，接點處幾乎不動而能由接點處抽卸對方勁力於腳底，待對方快速抽手退回去時，我方人身及重心不會因此而崩出去、衝出去，這種能力的培養是不可或缺的途徑。

同時搭點處能在第一時間作出在陰陽轉換的話，則對手的勁力因我方陰的作為而被消解，又因我方陽的作為被封鎖而困死在接點上，其後主動控制權全在我方。

這種「點」的路線速度快、勁道整！因此如何在原接點上下工夫，既是一種思維也是一段需要投入的歲月。

貳、發勁

常言道「能接才能發」或「能接必能發」，可見得要發勁，接勁是重要途徑。然而接勁接的對不對，接的合不合理，必須與發勁同時進行，從中去發現問題所在。此外在接勁、發勁中發生的問題，還須從拳架的結構中或拳架的運行中找問題。

在未達完美境界之前，每次與同好切磋發勁時要能即刻找出自我的缺失，也要能找出對方的缺失，試著自己做老師，因為老師不可能隨時都在我們身邊的，要試著自我成長、自我學習。

發勁起始到對方被發出去的過程中及發出去後，自我人體全身舒暢或不順暢的感覺與以前是怎樣的不同？要能達到前後腳可以個別發勁，雙腳亦可同時發勁，日積月累地習練、體會。

當我們的接勁能力逐日增強，發勁效果也不錯之後，發勁時大致還須注意的問題，是發勁後不可一路發到底而不探討過程中存在之問題，例如，要能感覺出在接點處是否有與對方頂抗之情形？對方是否正在接勁化勁？自己的勁路是由手推出、由腰轉出或腳底旋出？雙方皆為陰之運作？皆為陽之運作？己方為陰對方為陽？己方為陽對方為陰？或雙方皆為陰陽相濟、陰陽同出等之感應？除了隨時了解對方之作為、實力外，也須隨時修正自我背勢為順勢或製造陷阱（如果可能的話，若對方已得機得勢則不必談），接、發、化、打，一發之後無有不變，在變中克敵。

5－5　發勁的層級

在學習過程中體驗到的發勁，拳譜中的文句所闡述的發勁，就我所知的，大致可作如下分級比較。

壹、虛實分清

以單一實腳接受來勁力道，或盤架子中移形換位時使重心落於一腳為實腳（近於100%重力承受），另一腳為虛腳（近於0%重力承受），接發勁時以實腳接勁，實腳發勁，這種表現的方式祇能算是「初級」。

貳、左重則左虛，右重則右杳

除了雙「手」或左右「腰」能左右轉換之外，雙「腳」剛開始若為偏向雙重的站姿，將來勁力道由最先感應到的那腳以內斂或旋胯方式，內動外不動地抽引於另一腳，使原先受重力的那一腳成為虛腳，另一腳成為實腳，而後以實腳發勁。

由最先感應到的那腳以內斂或旋胯方式，抽引來勁力道於另一腳的剎那間，兩腳重力承受分別為實腳的那一腳近於100%重力承受，虛腳的那一腳近於0%重力承受與上述初級的相同。所不同的是兩腳在移形換位情況下能做虛實（陰陽）的轉換變動，這種表現的方式可算是「中級」。

參、進退同時、陰陽同在

在任何狀態下，單一腳或雙腳都能自行進行陰陽的轉換，均可接勁發勁。或在任何狀態下接發勁時，雙腳相互彈射的兩種作為同時進行，因而形成之擠壓、膨脹力作為發勁之用，這種表現的方式可視為「高級」。

肆、化是打、打是化

當以上三種能力已熟習而具備了下盤基礎後，加上前述勁路的養成，則任何來勁力道施於搭手處時，在接點上、腳底下或接點與腳底之間，即能以陰陽相互轉化、相互彈射、展現邊化、邊打或接點即是發勁點的立體太極效果，這種方式可以說是近乎「超級」的表現。

5－6　發勁時腳底運作方式之比較

發勁時離不開「由腳、而腿、而腰、而形乎手指」的流程，由「腳」是最重要的部分，底盤若發生問題，其餘上面的功效勢必事倍功半，因此我們可以檢查幾種腳底的運作方式，來判定其優劣

壹、第一種發勁

是人體連打帶衝的方式快速而猛力地向前推移，腳底離地而起（41圖），此種發勁方式看似強勁有力，但離地的腳已失去後續補給的支撐，成敗繫於「一」擊之間，若一擊無效即有被對方牽引帶出的危機。

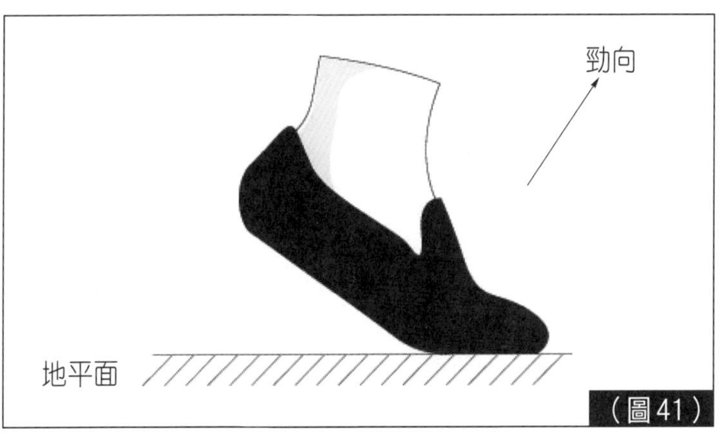

（圖41）

貳、第二種發勁

是由腳底向地面「蹬」， 而後前撐出去，此種發勁方式看似用到了大地的反作用力，產生向前的推力（42圖），然而檢查其流程為「先陰後陽」，作為方式為施力於地表，地表回以反作用力，陰陽為個別作為，發勁後也沒有後續補給之力。

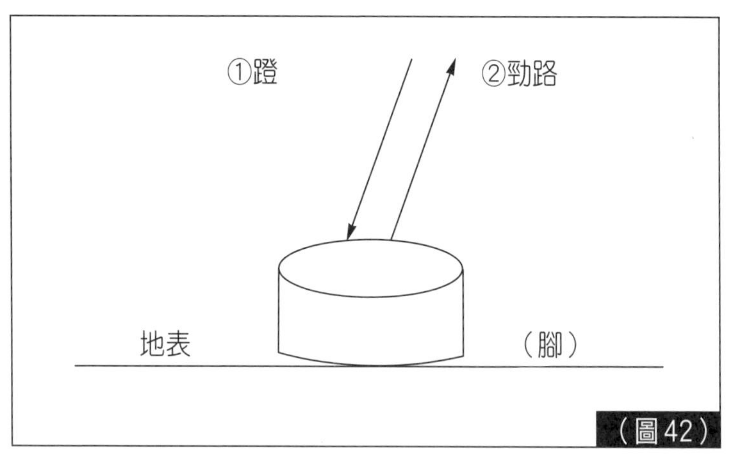

（圖42）

參、第三種發勁

是先施力旋動於腳底，向地表下如漩渦般穿旋，再由陰極生陽反旋而上的龍捲風來發勁，同時漩渦與龍捲風是相對存在地運作，有如飛機先發動引擎、火箭先噴發火焰後產生了動力而向前推進，又在進行中後方的噴氣或火焰仍然持續著，而為陰陽同在、陰陽同出的陰陽相濟，可產生源源不斷的後續補給力。

(1) 直接直發法

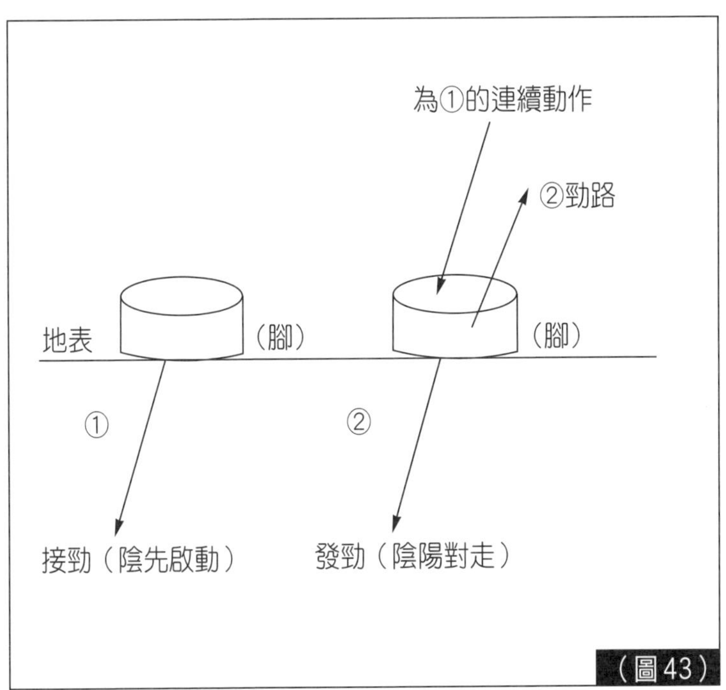

（圖43）

(2)螺旋式接發勁法

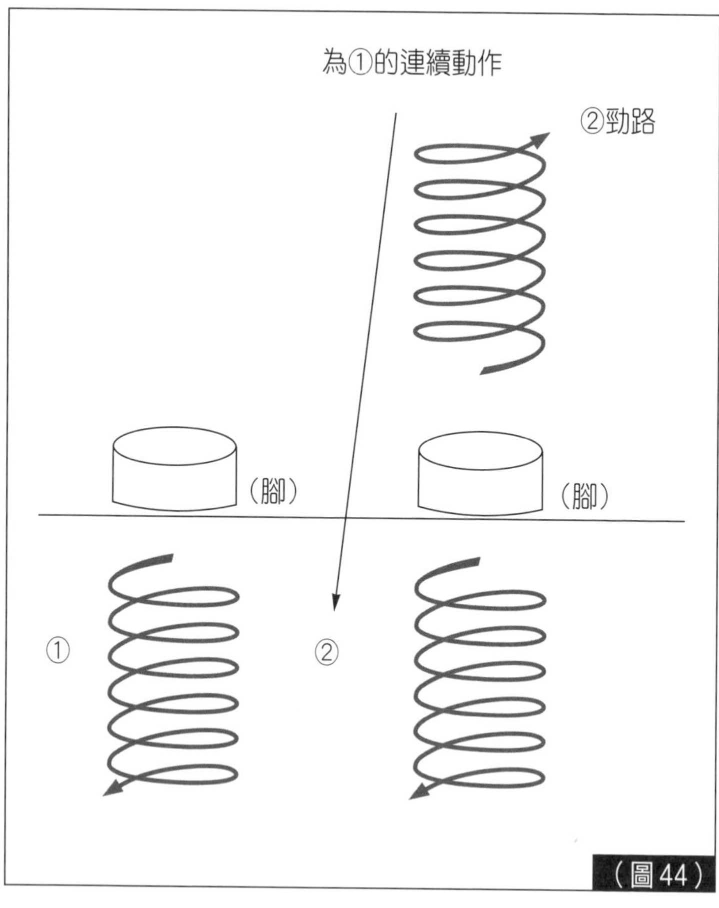

(圖44)

（3）漩渦、龍捲風式接發勁法

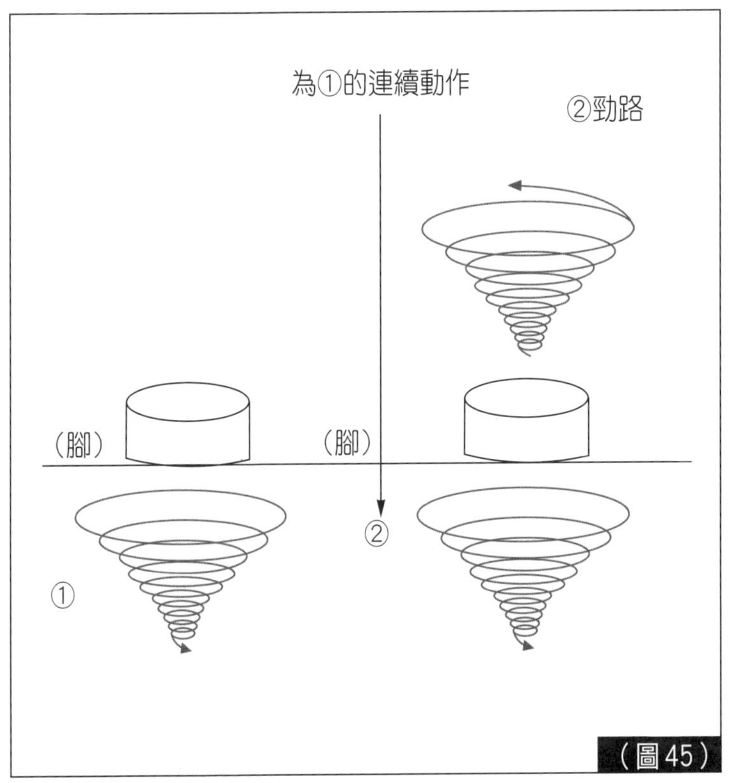

（圖45）

以上三種的發勁方式，前兩種是人類最熟悉、最習慣的發勁動作方式，最後一種是最難見到的發勁方式，卻是最合於陰陽相濟的道理，其理存在於人人都見過的眼睛世界中，祇是多數人都有如過眼雲煙從眼前飛逝，而未能從中截取運用。

以我個人的看法，「太極」的道理以及現象發生於過去，存在於今天，也將直到永遠，沒有時空而是無所不在的！觀察人間事務幾乎都脫離不了這個範疇的。

5－7　各種接發勁示範

以下所示範的接發勁，幾乎皆為未作位置移動，也未作外部接點轉換的情況下，接點即是發點（二動式發勁法為例外，是為了說明⇄、↓↑、←→、→←的太極道理所做的示範），隨接隨發的照片。同時為求明確表達發勁前的實際現象，特別安排有搭手的各種情形，分別以靜態（搭手接勁）及動態（發勁）的攝影方式予以呈現，以表達接勁發勁的起始到發出去的完整流程。

壹、立姿接發勁法

(一) 胸部搭手接勁

(圖46)

(二) 發勁

(圖47)

貳、單腳接發勁法

（一）單腳情況下腹部承受對手的來勁力道

（圖48）

（二）發勁

（圖49）

參、腹部接發勁法

（一）對手的雙手（或雙拳）推、壓在腹部上

（圖50）

（二）發勁

（圖51）

肆、背部接發勁法

（一）對手雙手推、壓在背部上

（圖52）

（二）發勁

（圖53）

伍、坐姿接發勁法

（一）對手推擠來勁力道於雙手（或雙肩）上

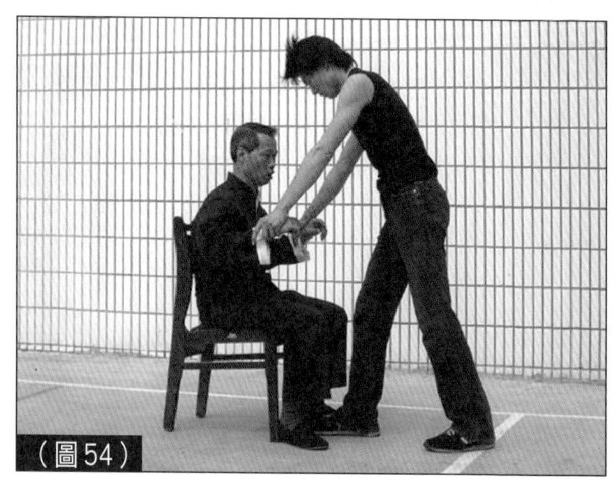
（圖54）

（二）發勁

（圖55）

陸、摟膝拗步發勁法

（一）在拳架摟膝拗步的運行中或定式時，承受到外力

（圖56）

（二）發勁

（圖57）

柒、白鶴亮翅接發勁法

（一）在拳架白鶴亮翅的運行中或定式時，承受到外力

（圖58）

（二）發勁

（圖59）

捌、雙手被捉接發勁法（或腳雙沉發勁法）

（一）雙手被捉

（圖60）

（一）發勁

（圖61）

玖、後腳發勁法

（一）重心落於後腳上承接來勁力道

（圖62）

（二）發勁

（圖63）

拾、遠距離發勁法

（一）雙手肘承接多人的來勁力道

（圖64）

（二）將最後一人連根拔起

（圖65）

（三）將多人一起發出

（圖66）

拾壹、二動式發勁法：

以下(一)(二)為連續動作的分解

（一）感應來勁力道（準備卸勁於後方）

（圖67）

（二）順來勢手退身進（走向爲 ⇆ ）

（圖68）

（三）身退手出發勁（走向爲 ⇄ ）

（圖69）

拾貳、手被擒發勁法

（一）手被對手擒拿

（圖70）

（二）發勁

（圖71）

第六章

其他問題的思辨

本章所要敘述的不是自成一個系統的內容，其內容是為了更詳細說明前面所提過的文句外，並提出一些與太極拳有關的相關問題，作為進一步認識太極拳的參考。

6－1　推手

很多人重視推手練習，都認為透過推手的練習，以練出「聽勁」、「懂勁」的觸覺感應，習得「沾黏連隨」、「不丟、不頂、不抗」的功夫，是檢查拳架動作對錯的鏡子……等，在某個層面而論有其功能。

但問題是，由於「推『手』」的字眼，易於使人注意力放在「手」字上面，且還要注意到掤、握、擠、按、採、挒、肘、靠等手部動作為多的八法連環運用，習之日久，「手」字在心頭上日漸生根，要跳脫手部作為的習性難矣。同時手部作為所能產生的能量到底是有限的，比起由腳底引地力而來的能量差多了。

張三丰太極拳經中明白提到「其根在腳」以及在第一章1－16提到「不動手」的理由，手部動作係由腳底，或腳底及腳部，或腳底、腳部及腿部運作而來，也就是手部作為是由下「節節貫串」向上延展形成的，因此手勢的高低，招式形態不必在意。手勢的高低或招式形態是隨身軀內部的能量運送情況形成的，甚至於是隨對方出手速度、勁力大小，而相對反應形成的。

不動手可養成「腳動」、「推腳」的習慣，當手部動作由腳底等系統節節貫串而上與對方接觸後，並由腳底依來勁力道的大小，以旋動方式由手部搭點處抽卸對方勁力於腳底、再依對方走向由腳底推移身軀，隨對方的手部動作而「動急則急應，動緩則緩隨」地回應，日積月累之餘有助於腳底功夫的養成，放下「手」的念頭，才有實現「手非手，渾身都是手」的可能。

縱然要做推手練習，也祇須在搭手（不拘定步或活步推手，自由搭手即可）後用腳接腳推即可。能耐若能達到接點即發點的層次，站著可以發勁，坐著也可以發勁，何需手的八法連環運用？

6－2　內家拳、外家拳的區別

在本書中數度提到「內家拳」、「外家拳」的字眼，讀者是否都能充分了解？我想不知道的人可能會有一些，因此在這裡就我所知道的作一些簡單介紹。

有的說法**從運動控制模式**看，認為外家拳「主搏於人」，在技法上較注重速度與力量，如此才可主動制敵。內家拳則要求「以靜制動」，在技法上是屬於被動的，特別注重感官功能與觸覺的功夫。

有的說法**從源流看**，認為外家拳是由外人傳入中華民族的，以少林寺的武功為代表。當年達摩祖師（南天竺國香至王的三王子，本身具有武功）從印度東渡初到廣州，再到河南省嵩山少林寺闡揚佛法（禪宗佛法），唯弟子聽課的體能多不濟，因此傳授拳腳功夫以增強體能，漸漸發展為少林功夫；內家拳則是由國人在中華民族自我的疆土上發展出來的，如湖北省武當山的煉丹道士及武術。北少林、南武當的武術在我國各有成就，而獲得「崇少林、尊武當」的美名。不過關於源流說法，有的人卻不如此看法，因為從各種角度探究，找不到達摩祖師會武功的事實，不認為達摩祖師會武功，因此少林寺功夫不是由達摩祖師傳進來的。

有的「內外家」的說法，是從明末大學問家黃宗羲一篇「**王征南墓誌銘**」開始的，在「王征南墓誌銘」中討論到拳術分「內家」、「外家」，從此「內外家」之說法傳遍天下。

有的說法**從動作上**看，認為外家拳的動作「形之於外」的外動為多，舉如拳打、腳踢、跳躍的少林拳、跆拳、空手道、腿術等需要空間距離以便拳腳在空間中加速運行的效果，合氣道需要空間距離以便順圓再反圓（如入身摔、四方摔、迴轉摔等）或柔道需要空間距離以轉身反制（如過肩摔、抛摔等）的運作；內家拳則以「發之於內」的內動為主，先由體內丹田運氣達到氣發人飛（如氣功），或由內勁的運行使對方跌仆飛出。氣發、勁運之後才形之於外的功夫表現方式（如太極拳、形意拳、八卦掌），比較不拘於一定的姿勢，接觸點即是發勁點。

內家拳與外家拳的區別，由於訊息來源不同，觀察角度不同，因此眾說紛紜。惟外家拳以「外動」、「主動」為主，內家拳以「內動」、「被動」為主，大致是可確立的說法。

6－3　太極拳等不等於氣功？

在很多場合中幾乎都聽人們說「太極拳是練氣的」、「太極拳是一種氣功拳」，甚至於有的書還寫著「太極拳集經絡之術、導引之術、吐納之術的大成」。試想我們聽到的這些話、看到的這些文句，到底是對？是錯？

我認為這也是認識太極拳非常重要的思維切入點。不論各位是否學過太極拳，一定聽過「氣功」兩個字，並看過氣功的表演，在看氣功表演的那一剎那間各位絕不會想到表演者是練太極拳的，會想到的是他或她的氣功修為非常了不起、非常不簡單，而投以敬佩、羨慕的眼光。

向來練氣功者不等於練太極拳的，氣功高手也不等於太極拳高手，如果兩者性質相同，大家大可直接從氣功下手，練就氣功不就同時成就了太極拳？一舉兩得何樂而不為？何需在太極拳領域裡，對拳經、拳論辛苦鑽研；拳架、推手的不斷練習；各種發勁的用心探討？

氣功、太極拳兩者的學習途徑並不相同，展現方式也不相同。

在**學習途徑**上看，氣功以「丹田」為中心，以口訣領氣走小周天、大周天、奇經八脈，打通任督二脈為修行的課題。太極拳則是以太極拳之理、拳經、拳論等的內容為中心，其根在「腳」，由腳、而腿、而腰、而形乎手指地練習，還須練習接勁與發勁，與氣功的修行路線是兩碼子事。

在**展現方式**上看，氣功所展現的方式叫「發功」，太極拳所展現的方式叫「發勁」，名稱有所差異。也就是說氣功歸氣功，太極拳歸太極拳，兩者不可混為一談，因此氣功不等於太極拳，太極拳也不等於氣功！

不要在看氣功表演時就祇想到氣功，看到太極拳時就不自覺地將氣功扯在一起。雖然太極拳在運動過程中會有「呼」跟「吸」的問題，但那與氣功無關。因此，太極拳集經絡之術、導引之術、吐納之術的大成那句話，依我個人的看法，不是太極拳的大成。以陰陽相磨相盪而培養的能量才是大成，也才合於「太極陰陽」的道理。

6－4　內沉外不沉、內動外不動

「內沉外不沉」與「內動外不動」兩句話，說法不同卻是敘述同一件事所用的兩種用語，「內沉外不沉」、「內動外不動」有如水管的外表管壁不需任何曲折，水卻能在水管中流動一樣。

同理，太極拳在接勁的時候將人體視同水管，將來勁力道由搭點處經由體內管路（由平時拳架練習中慢慢培養出來的勁路）抽卸於腳底，抽卸於腳底的速度與勁力能量，初練時要與對方的速度與勁力能量相等，熟練後不受此限可自由發揮，則外表看不出動態，沒有了動態對手就難以測度我方的實力。

6－5　鬆沉

太極拳學習者無不被老師要求「鬆沉」，每一本有關太極拳的書籍幾乎也都會提到這句話。鬆沉在原則上來講是沒錯，是很重要，因為太極圖中有黑的部分，而黑的部分具有陰沉（鬆沉）之意。

不過既是太極應該有陰也要有陽，若祇有陰沉而沒有陽放，還不能算是太極。祇一味地鬆沉而不能同時反陽發放(前面所述陰陽作為時間相等的訓練)，容易使動作遲滯，又因遲滯而未等速度地反陽，失去陰陽同出、陰陽同在而產生能量的效果，以致發勁時需靠「雷發不及掩耳」的獨立勁力快速出擊。

鬆沉屬於純陰，雷發不及掩耳屬於純陽，為個別的作為，與外家拳無異，不在真正的陰陽相濟範圍。

鬆沉、鬆沉、能鬆才能沉，但「鬆」、「沉」兩者合在一起祇是↓的作為，還須有反「陽」↑的作為，這樣才能達到↓↑「陰陽相濟」的效果。以流程看「鬆」「沉」是一、「陽」是二，有了↓還有與↑幾乎合而為一（二而一的一，不是鬆沉的一）的運作，太極拳就更加有了活力，太極拳不再是黑白的而是彩色的。

結 語

本書從頭寫到這裡，提出了很多與眾不同的看法與實作方法，這些看法與實作方法都有事實的依據，不是憑空捏造而來的，是經過筆者人間萬象的觀察、太極圖的剖析、多方的思維、無數動作的檢查驗證後，融合調整而來的。

回想過去在大陸廣大的土地上，交通不發達，資訊欠流通，參考書籍匱乏的狀況下，先祖、先賢們在發展太極拳的過程中，勢必從博覽萬物中探討訊息（舉如傳說中，張三丰一日在室內讀經，由窗內觀察到庭中鵲蛇相鬥的情景，而按太極變化之理，創出太極拳）或從獲得武功後才寫下拳經、拳論的。

太極拳的道理應該存在於日常生活中、哲學思維中、宇宙萬象中。以我個人的經驗，觸目所及的萬象中都存有太極拳的訊息，就看您用怎樣的心態去看、去想。太極拳的研究不見得要以拳論拳，可以「一專多博，再以多博豐富一專」的方式，由觸類旁通中給予我人更多的腦力激盪，擷取精華，化為完美的學習。

以美國為例，挾其強大的國防武力及經濟力，執世界的牛耳，而能在國際舞台上呼風喚雨，是「以剛克柔」、「以強勝弱」的明證；在自然界有「弱肉強食」的現象；在擂台上輕量級、羽量級、重量級等是分級較量；在體育競賽場是成年組與成年組，兒童組與兒童組，青年組與青年組，老年組與老年組，也是分組較量。這些都在在說明「以柔克剛」的不可能。

滴水雖可以穿石，但那需要幾百年、幾千年、甚至於是幾萬年的歲月才可能實現。可是當雙方接觸電光石火決勝負的瞬間，有何時間可等待？可見「以柔克剛」既不合於太極圖的道理，也不完全合乎事實的思維。

太極拳不應該以柔為主軸，柔只能說是一個外表的包裝而已，外似鬆柔其實內裡剛強（棉花裹鐵彈），陰陽融合於一體，蘊含著「陰中有陽、陽中有陰」的神態，一舉手一投足之間，均能將陰陽相濟的結構完整表現，又能將陰陽相濟的能量發揮的淋漓盡致。如啟動開關般即能迅速發光發熱，快速釋放無比能量的武術。

希望大家不要再將太極拳看做是柔來柔去的拳，把事務處理擅於推來推去者說是很會打太極拳者，更不要將太極拳當作太極「操」來看待。

太極拳以「太極」為體，以「陰陽的變化組合」為用。由先陰後陽、同時不同空的運作過程，經由合適的動作調整，時間的訓練，漸進於陰陽同在、陰陽同出、同時同空的陰陽相濟，則其能量可生「與日俱增」的功效。

在太極拳發揚光大的路上，開路的先驅者有其可敬的功勞，也有他們的成就。然而太極拳的發展已達完美無缺的境界？無可再精進？已到詮釋的終點？如果不是！那麼後學者在傳承的道路上繼續給予補充修正，是一份責任、是一種義務、也是一種權利。

有如科學界不斷地理論突破帶給人類知識的拓展、產品不斷地改進帶給人類生活水準的提升。有突破才有進步，有突破才能提升境界。而能提升境界的太極拳，才是更符合太極之理、天地之理的太極拳。

後記

一、本書能夠順利發行問世，承蒙名武術家徐紀先生、太極拳前輩藍守正先生及美國馬里蘭州大衛先生，惠贈「序」言；王統世先生為人體勁路圖、箭線、螺旋線等圖示的精心製作；楊名璋、何嘉宏、張錦榮、莊建中、黃翔、陳宇等同學協助拍攝各種發勁照片；日本亞洲拳學研究會領導人　川村　伸　先生的賜稿；使本書的可看性、可讀性增色不少。在此誠摯地致上萬分的謝意。

二、本書於2002年9月由逸文出版有限公司出版印了二刷，很快售罄，謹此感謝讀者的厚愛與支持。為滿足拳友們學習要求，現在委由大展出版社有限公司重新編排出版，回饋拳友的期待。

三、日本亞洲拳學研究會領導人　川村　伸　先生與筆者接觸後的感想文章。

附録

『理想との邂逅』

アジア拳学研究会主宰
川村 伸

武術の理想的な形を求めると、それは、『攻守一体』『間合いゼロ』という二点に行き着くのではないだろうか？

『攻守一体』とは、防御が即ち攻撃であるということであるが、それは、『捌きつつ打つ』ことでも『敵の動きを読みカウンターを取る』ことでもなく、敵の体が自分の体に触れた刹那の一挙動が、そのまま防御であり攻撃であるということである。

動作は一つ。受けて打つ（二動作）のでもなく、受けつつ打つ（二動作）のでもなく、ただ一つの動作が敵の攻撃を受ける一手でありそのまま敵の命脈を断つ一手でとなる。それが、純粋な意味での『攻守一体』なのだ。

次に、『間合いゼロ』が意味することを簡単に解説すると、それは、敵との接触が起きる刹那を起点とした発力が可能だということである。

普通、打撃戦という物は、一定の距離（間合い）を敵に遮られることなくいかに埋めるのかということだけが問題であり、その距離の取り方一つで自分か敵が倒れることになるわけであるが、すでに接触している状態か夂の発力が可能であれば、決して敵に避けられることのない打撃が可能となるのである。また、攻撃の速度とは、単純に技の速度ではなく、敵との距離（間合い）÷技の速度＝技の始点から終点に至るまでの時間という相対速度として捉えられなければならないが、敵との間合いがゼロであれば、敵に到達するまでの時間もゼロ、よって、速度は∞となるのである。

それでは、『攻守一体』『間合いゼロ』という二つの理想型が体現されると、どのような現象が起こり得るのだろうか？受け手が体現者であるとして考えてみるとこのようになる。

仕手側が何らかの攻撃方法を用いて間合いを詰め、受け手の体に触れた刹那に、受け手側ではなく仕手側が致命的なダメージを受ける。ということになる。

『弾き飛ばされる』『崩される』『昏倒する』など仕手側の受けるダメージの有り様は様々であろうが、何が起こり（作用）こうなった（結果）という因果関係を外側から観察した場合には、何が起きたのかということが視覚現象として捉えられることはなく、結果だけが観察されることになるのであろう。囁⊠度∞である現象を人間の目で捉えることは不可能なのだ。もう少し詳しく現象を例示するとこのようになる。

AがBに打ち掛かったとする。

1　AがBに打ち掛かる。

2　Aの拳が無防備なBの中段をしたたかに捉える。

3　Aが弾かれたように後方に飛ばされ崩れ落ちる。

以上のような現象が視覚的には確認されたとして、1→2→3というプロセスにおいて、はじき飛ばされるのがBの方であるならば、そこには何の不思議もない。が、しかし、実際に飛ばされた（崩された）のはBを打ち据えたはずのAなのである。

2→3のプロセス中にAがBからの反作用を受け撃退されるに足る何らかの現象が起きたことは明らかであるが、それは観察者の視覚では捉えることのできない高速かつ微動現象である。

以上が『攻守一体』『間合いゼロ』という理想を満たした『速度∞』の攻防イメージである。しかし、このようなことが実際に起こり得るのだろうか？

筆者が空手家としての立場から考えた場合『これは理想ではあるが現存する空手にこのようなプロセスを実現する方法論は残⊠念ながら残されていない』と言わざるを得ない。

他の日本武術ではどうだろう？

日本には古来から伝わるものや近代に創設されたものなど数多くの様々な体術が伝えられている。有名なものだけを挙げても枚挙にいとまがないほどであるが、「合気道」「柔術」「相撲」などが世界的にも有名である。しかしながら、それらの武術の中に先に挙げた理想を体現するための方法論が残されているかと言えば、やはり、方法論としては残されていないと言うほか無いのではないだろうか。

さりとて、空手にも他の日本武術にも『攻守一体』『間合いゼロ』という理想を実現するための方法論（メソッド）の片鱗はうかがうことができる。事実、過去には、その理想を体現する『達人』達が存在したのをビデオ等で確認することもできるのである。

その中でも最も有名な達人の一人が養心館合気道の塩田剛三師範である。師が卓越した力と技術を持ち、身長150cmほどの小柄な体からは想像だにできないほどの妙技で巨漢を跳ね飛ばし、崩し、かのマイク・タイソンをも肩に手を触れただけで跪かせたことなど、武術愛好家であれば知らぬ者のないエピソードであろう。

しかしながら、残念なことに師はもうこの世にはおられず、私がどんなに求めようとも指導を仰ぐことは不可能である。また、師の残された方法論の中にも師の技を再現しうるに足るものは残されていないように思われる。

教えを請うことができないのであれば、自分自身で考え道を開くしかない。私は、様々な武術の持つ理論を研究し、幾多の推論をし、それを体現することに時間を費やしてきた。しかし、相手の力を利用するという前提なしにはどんな技術も成立しないという壁にぶつかり、そこから一歩も出ることができなかったのである。

技がいくら小さくなったとしても、早くなったとしても、敵と自分は二元的に分かたれており『攻』は『攻』であり『守』は『守』のまま、間合いも決して0になることはなかった。

そんな時、偶然にではあるが、台北で太極拳を指導されている林師範と出会い、師範の技を体験することができたのである。それは、私にとっては生涯忘れることなどできないであろう程の幸運と言う他ない出会いであった。

林師範の技は、まさに、私が求めて止まなかった武術獅⊠理想型そのものであった。

師範の前に立ち師範の腕を軽く握った私の体が、突然、体軸ごとふわっと浮き上がり、そして次に後方へドンと押し出される。私の体感としては巨人に鷲掴みにされた体軸がそのまま投げ捨てられる、とでも言えばいいのだろうか。師範と接触している私の掌、腕、ともに何の衝撃も感じない、にも関わらず、私の体軸が強い力によって後方から引かれるように弾かれるのである。

接触部位に力や衝撃を感じることはない、それは、他の場所でも同じであった。師範の肩、胸、腹、いずれと接触していても接触部位からは衝突の衝撃を感じることはなかった。

これこそ、『間合いゼロ』の発現であろう。

距離（間合い）がなければ衝突は起こらない、従って、衝突による衝撃もないのだ。

私自身、一定の条件が整えば敵と接触した状態から打突を放つことはできる。しかし、それは間合いのない所に強引に間合いを発生させる技術であり、厳密には『間合いゼロ』ではない。従って、衝突が起こり、敵は衝突部位に衝撃を受け、衝突部位より損傷を受ける。例えば私 蓑敵の胸部と接触した状態から打突を放ち、敵がその衝撃により後方へ飛んだとする。その場合、私の攻撃の始点となる敵の胸部、即ち肋骨は折れるなりなんなりの損傷を受けているであろう。要するに、『間合いゼロ』に見えたとしても、それは『ゼロ』ではなく距離を伴う通常の打突に過ぎないのである。

その点、林師範の技はまったく違う。私は衝撃を受けることなく、押し出され、弾かれ、崩されてしまう。直線的に弾かれることもあれば、螺旋状に、床にねじ込まれるように崩されることもある。いずれにせよ、その際に感じられるのは、『自分の体軸が奪われる感覚』と『抗うことのできない大きな力』、それだけである。それをプロセスとして説明すると以下のようになるのではないだろうか。

まず、師範と接触した段階で仕手である私の体軸は師範の手に落ち無力化される(A)、次に、師範のコントロール下におかれた私の体軸は、師範の思いのままに操られる(B)のである。弾く、飛ばす、崩すは師範の意のままなのであろう。

このプロセスを師範の側から見た場合、Aは防御(守)で蔓りBは攻撃(攻)だと言えるであろう。そして、実際の現象としてはAとBは同時に行われるのである。まさに『攻守一体』である。

言うまでもないことであるが、武術家にとって、自分の体軸を敵に奪われることほど恐ろしいことはない。それは実戦においては単純に『死』を意味するからだ。林師範と対峙しつつ、私は喜びと同時に、容易に想像しうる自分の死のイメージに絶えず恐怖心を抱かずにはいられなかったということを告白しておこう。

林師範は私に『陽だけでもない、陰だけでもない、陰から陽でもなく、陽から陰でもない、陰陽同時に存在して初めて太極なのだ』と説明して下さったが、まさしく、そういうことなのであろう。今、現時点においては、私には『頭の中ではわかる』としか言いようのない世界ではあるが、いずれにせよ、林師範において『攻守一体』『間合いゼロ』という私の理想が体現されているというのは紛れもない事実であり、私は、幸運にも林師範にご指導を仰ぐ機会を得ることができた。

今後は林師範のご指導の下で新たな境地に向かい研鑽に励む悟である。

日文翻譯

『與理想的邂逅』

亞洲拳學研究會領導人
川村 伸

談到追求武術的理想境界，那就是要達到『攻守一體』與『距離為零』的兩個目標，難道不是嗎？

『攻守一體』可解釋為防禦即是攻擊之意，但是，那並不是『連續攻擊』，或是『洞悉對手動靜』之意，而是當對手的身體與自己的身體接觸的剎那間，就同時產生既是防禦亦是攻擊的舉動。

動作只有一個。那並不是先接後發的兩個動作，也不是邊承受邊攻擊的兩個動作，是能夠同時承受對手的攻擊，並切斷對手命脈或招式的一個動作。這就是很單純的『攻守一體』的意義所在。

其次，『距離為零』的簡單說明，那就是當與對手接觸的剎那間，能夠將接觸點化為發勁的起始點。

普通，所謂的打擊戰，即是取一個讓對手沒有退路，進而又要接近敵人的距離，這就是打擊戰的問題所在。一者是能截取將對手打倒的那個距離，二者是在讓自己處於能發勁的狀態，又令對手處於無法躲避被攻擊的距離。

還有，攻擊的速度並不是單純技巧上的速度。

公式為：「與敵人間的距離÷技巧的速度＝技巧起始點到終點的時間」所產生的這種相對速度，一般人都是可以做到的。

但是，與對手間的距離已經為零的話，到達對手的時間也會為零，就會導致速度成為「極大值」。

若能實現『攻守一體』與『距離為零』的兩個理想境界，會產生何種現象呢？會發生「當施力者無論用何種攻擊方法企圖將彼此距離縮短，並與受力者身體接觸的剎那間，受到致命損傷的是施力者而並非是受力者」的現象。

『身體被彈飛』，『結構被摧毀』，『被擊倒』等施力者所受到的損傷，會有許多不同的類型。產生作用而變成結果的因果關係，從其外觀的角度觀察，所產生作用的部分不易被視覺捕捉到，只有結果會被觀察到而已。這是因為極大值速度產生的現象，此現象是不可能會被人的眼睛所捕捉到。若更進一步稍作舉例說明的話，就是這樣了。

A對B發出攻擊的舉例。

1、A攻擊B

2、A的拳頭，擊中無防備的B中段部位

3、A被彈出，往後方飛出，結構被摧毀後掉落

以上的現象在視覺上是可以被確認的。對於1→2→3的流程來說，被飛出去的人如果是B的話，那就沒有什麼不可思議的事了。但是，實際上被飛出（結構被摧毀）的人卻是攻擊B的A。

2→3的流程中，A是受到來自B的反作用力而被擊退的，可以很明確知道這是產生了某種現象所致，那就是觀察者的視覺亦無法捕捉到的既高速又微動的現象。

以上就是所謂能滿足『攻守一體』與『距離為零』的這種理想境界的『極大值速度』的攻守現象。但是，像這樣的事情，實際上是否會產生呢？

筆者是從空手道專家的立場來思考此問題，『這是一個理想，可惜現存的空手道要實現此流程的方法論，並沒有被留存下來。』

其他的日本武術又如何呢？

對日本而言，有著自古以來就流傳的武術，也有近代才創設的武術等，擁有許多不同類型的武術一直流傳著。就單祇列舉有名的來說，也是不勝枚舉。例如『合氣道』，『柔道』，『相撲』等都可說是世界有名的。但是，在那些武術當中，先前所提過的為實現理想境界的方法論，就如同我所想的一樣，應該是沒有被留下來。

但是，空手道也好，其他的日本武術也罷，對於『攻守一體』與『距離為零』之所謂的為實現理想境界的方法論（Method），也可以略窺一二。事實上，在過去，能達到理想境界的有名人物們當中，也可以用錄影帶等的東西確認其存在。

在那些人當中，最有名的人物是養心館合氣道的塩田剛三老師。老師擁有卓越的能力與技術，將其只有約150公分的矮小身軀，利用無法想像的巧妙技藝，將巨漢給撥飛，摧毀其結構。對於眾人皆知的拳王泰森，也只用手搭在他的肩膀而已就能夠讓他跪下來的傳聞等，只要你是武術愛好者的話，這些都是你不可能不知道的一些茶餘飯後的話題。

但是，可惜的是老師已不在人間了。就算我再如何地想去求教，也是不可能再得到任何指導了。還有，我想老師所留下的方法論當中，能留存下來再展現出老師的技術的東西也所剩寥寥無幾了。

假如無法再去求教的話，那就只有靠自己本身去思考與開創了。我個人本身，對於各種形形色色的武術都有研究，再加上一些推論，為達成實現的地步，已經花了非常多的歲月。但是，碰到沒有利用對手力量作為的前提下，所有的技術都無法展現出來的屏障，那個屏障使我無法再向前踏出一步。

無論如何地由技術層面將距離縮小及速度加快，對手與自己還是兩個相對的且分離的個體，『攻』就是『攻』，『守』還是『守』，距離也還是絕對無法為0。

就在那個時候，很偶然地在台北遇到了教導太極拳的林老師，體會到林老師的高明技術。對於我來說，那次是我畢生難忘的幸運，沒有任何一次能出其左右。

林老師的技術真的就是，我無法停止追求的武術的理想境界。當我站在林老師的面前，輕輕地握著老師的手腕，突然間感到整個身體都往上浮起來，接著就咚的一聲被往後方給推出去了。我體內的感覺就如同是被巨人給一把抓住身體般，就這樣地給扔了出去。當與老師接觸後，我的手掌和手腕，完全沒有感到任何的衝擊感，還不祇這樣，我的身體還被一股來自後方的強大力量給牽引般地給彈了出去。

接觸的部位完全沒有感覺到任何的力道與衝擊。就算是其他的部位，也是一樣的。不論是與老師的肩，胸，腹的任一部位接觸後，完全沒有感到任何由衝突所產生的衝擊感。

就是這個！這就是『距離為零』的發現吧。

距離不存在的話，衝突就不會產生。所以，由衝突所產生的衝擊也不會存在。

我本身具備了，在一定條件下，可從與對手接觸點實施寸勁打擊的能力。若在零距離的地方，強迫使它產生距離的一種技術，嚴格說來並不能稱得上是『距離為零』。因此，當一個衝突的產生，是讓對手從衝突部位去承受此衝擊，使衝突部位受到損傷。舉例來說，當我對與對手接觸的胸部實施寸勁的打擊，對手會因為受到此衝擊後向後方飛出。那個情況，對手的胸部就成了我的攻擊起點，也就是會受到像是折斷幾根肋骨或是什麼來著的這種損傷吧。總之，即使是看似『距離為零』的樣子，其實並不是『零』，祇不過是伴隨著距離的一種普通的打擊方式而已。

針對此點，林老師的技術是完全不一樣的。我並沒有受到衝擊，然後就給推出去，彈出去，被摧毀了。有被直直地彈出來的，也有被來自地面的螺旋力道給摧毀的。不管是哪一種，那時所感受到的就只有『自己的身體被剝奪的感覺』與『無法與之反抗的一股強大力量』而已。將它用流程來說明的話，難道不是如同下列所作的說明嗎？

首先，施力者的我在與老師接觸時的階段，整個身體被老師的手化為無力感的(A)，其次，在老師控制下，我的軀幹被老師的意念所操控的(B)。彈起來，飛出去，被摧毀，都是隨著老師的意念產生的。

從老師的角度來看此流程的話，可稱A為防禦（守），B為攻擊（攻）吧。然後，實際的現象是A與B是同時存在的。這就是真正的『攻守一體』。

這是不用說也知道的事，對於一個武術家而言，沒有任何一件事情會比當自己的軀幹被對手所剝奪時還要來的恐怖的事了。那是因為在實戰中意味著單純的『死』。當與林老師作對峙時，在歡喜的同時裡，想向老師告白的事是，自己很容易就會想到死的印象與揮之不去的恐怖心理。

林老師對我說明『不是祇有陽，也不是祇有

陰，也不是從陰到陽，也不是從陽到陰，而是陰與陽同時存在的太極』。的確就如同老師所說的一樣。目前我只能說是『腦袋中知道此事』，林老師的『攻守一體』或是『距離為零』，無論選哪一個，確確實實都是我想實現的理想。我真的是很幸運能夠得到林老師的指導機會。

今後，已下定決心要在林老師的指導下，努力向上鑽研，迎向一個新的境界。

參考資料

1、《太極拳術》，民國五十八年十一月出版，慎先嫻著。

2、《太極拳源流考訂》，民國八十六年十二月初版，宋志堅、于志鈞合著。

3、《臺灣武林季刊》8，逸文出版有限公司發行。

4、《中國武術論叢》，民國七十六年十月出版，徐紀編著。

5、眾家拳譜（如張三丰太極拳拳經、王宗岳太極拳拳經、陳鑫太極拳拳論等）。

6、《太極拳》雜誌81期，民國八十一年八月出版，「太極圖是太極拳的祕訣」一文，馬虹著。

國家圖書館出版品預行編目資料

陰陽相濟的太極拳 ／ 林冠澄　著

——2版，——臺北市，大展，2016〔民105.10〕

面；21公分 ——（武術特輯；77）

ISBN　978－986－346－132－6（平裝）

1. 太極拳

528.972　　105014766

【版權所有・翻印必究】

陰陽相濟的太極拳

著　　者／林冠澄
責任編輯／孟　甫
發 行 人／蔡森明
出 版 者／大展出版社有限公司
社　　址／台北市北投區（石牌）致遠一路2段12巷1號
電　　話／（02）28236031・28236033・28233123
傳　　眞／（02）28272069
郵政劃撥／01669551
網　　址／www.dah-jaan.com.tw
E-mail／service@dah-jaan.com.tw
登 記 證／局版臺業字第2171號
承 印 者／傳興印刷有限公司
裝　　訂／眾友裝訂企業公司
排 版 者／弘益電腦排版有限公司
初版1刷／2002年（民 91年） 9月
2版1刷／2016年（民105年）10月

定價／380元

●本書若有破損、缺頁請寄回本社更換●

大展好書　好書大展

品嘗好書　冠群可期

大展好書　好書大展

品嘗好書　冠群可期